09/09

WITHDRAWN

SPANISH

06

CARSON CITY LIBRARY

TE DESAFIO

A R   AR

CARLOS CUAUHTÉMOC SÁNCHEZ

TE DESAFÍO

A PROSPERAR

Una guía completa para ganar más dinero y crecer en la crisis

GRUPO EDITORIAL
DIAMANTE
LÍDER MUNDIAL EN NOVELAS DE SUPERACIÓN

IMPORTANTE: ¡NO SE ARRIESGUE!

Vender o comprar libros piratas es un delito federal penado severamente.

Sólo los libros originales de *Te desafío a prosperar,* tienen un holograma de autenticidad. Si este libro no lo tiene, o usted sospecha por su mala calidad que es un libro pirata, absténgase de venderlo o comprarlo pues su simple posesión es prueba de delito y usted puede ser acusado de tráfico de piratería.

Por otra parte, es muy común que los libros pirata hayan sido modificados, mutilados y alterados gravemente en su contenido.

ISBN 968-7277-69-6

Queda prohibida la reproducción parcial o total por cualquier medio incluyendo el fotocopiado, así como la elaboración de material basado en el argumento de esta obra sin la autorización expresa del editor.

Derechos reservados:

D.R. © Carlos Cuauhtémoc Sánchez. México, 2006.

D.R. © Ediciones Selectas Diamante, S.A. de C.V. México, 2006.

Libros que transforman vidas.

Mariano Escobedo No. 62, Col. Centro, Tlalnepantla

Estado de México, C.P. 54000, Ciudad de

México. Tels. y fax: 5565-6120/0333

Miembro núm. 2778 de la Cámara Nacional de la Industria Editorial Mexicana.

Correo electrónico: info1@editorialdiamante.com ventas@editorialdiamante.com

Diseño de portada y formación: L.D.G. Leticia Domínguez C.

www.editorialdiamante.com

www.carloscuauhtemoc.com

IMPRESO EN MÉXICO / PRINTED IN MEXICO

DESAFÍOS

Déjame hablarte de "tú"... 7

Primero | Audita tu crisis 11

Segundo | Recuerda quién eres 21
(Ejercicio para superar la crisis de tipo 1-A, 2-A y 3-A)

Tercero | Imagina 31
(Ejercicio para superar la crisis de tipo 1-A, 2-A y 3-A)

Cuarto | Cambia tu polaridad 41
(Ejercicio para superar la crisis de tipo 2-A y 2-B)

Quinto | Vuélvete acreedor (a) 49
(Ejercicio para superar la crisis de tipo 1-A, 2-A, 3-A, 1-B, 2-B y 3-B)

Sexto | Acepta que deseas ganar más 59
(Ejercicio para superar la crisis de tipo 2-A, y 3-A)

Séptimo | Corrige tu personalidad financiera ® 69
(Ejercicio para superar la crisis de tipo 2-A, y 3-A)

Octavo | No te conformes 81
(Ejercicio para superar la crisis de tipo 2-A, y 3-A)

Noveno | Eleva tu cotización 91
(Ejercicio para superar la crisis de tipo 2-A, y 3-A)

Décimo | Trabaja sin exhibir tus penas 101
(Ejercicio para superar la crisis de tipo 1-A, 2-A, 3-A, 1-B, 2-B y 3-B)

Décimo primero | Sé humilde con tu profesión 111
(Ejercicio para superar la crisis de tipo 2-A, y 2-B)

Décimo segundo | Quita piedras de tus tobillos 123
(Ejercicio para superar la crisis de tipo 2-A)

Décimo tercero | Rompe los mitos del dinero 135
(Ejercicio para superar la crisis de tipo 2-A y 2-B)

Décimo cuarto | No te aferres a los bienes 149
(Ejercicio para superar la crisis de tipo 1-A, 2-A, 3-A, 1-B, 2-B y 3-B)

Décimo quinto | Fortalece sólo a gente noble 159
(Ejercicio para superar la crisis de tipo 1-A y 1-B)

Décimo sexto | Disfruta tus tesoros durante este lustro 171
(Ejercicio para superar la crisis de tipo 1-A, 2-A, 3-A, 1-B, 2-B y 3-B)

Décimo séptimo | Haz negocios que trasciendan 181
(Ejercicio para superar la crisis de tipo 1-A, 2-A, 3-A, 1-B, 2-B y 3-B)

A manera de epílogo 189

Referencias 193

déjame hablarte de "tú"

Apelo a la familiaridad porque sé que en algunos aspectos nos parecemos. Existen inquietudes e ideas similares en nuestras mentes. Por eso coincidimos en este libro.

Usa tu imaginación y acércate un instante.

La estancia en que me encuentro es silenciosa.

Sólo el piso de madera y las paredes cubiertas de libreros a reventar emiten un leve rechinido de vez en cuando. Sobre mi cabeza cuelga un avioncito de control remoto que sólo usé una vez. Hay papeles y textos por doquier. Mi esposa dice que este sitio es un desastre y que no volverá a arreglarlo. He celebrado su decisión, porque cuando ella pone *todo* en su lugar yo pierdo *todo*. En el caos que me rodea existe orden, aunque ella no lo crea. Sobre la mesa, junto al teclado de la computadora, mi taza de café se ha enfriado. Aunque estoy sentado en un sillón color verde, a mi lado hay otro, idéntico, vacío. Es para ti. Te invito a sentarte. Tal vez deberías traer un suéter. La ventana está abierta y hace frío. Afuera llueve.

Transpórtate hasta aquí.

Los libros realizan el prodigio de atravesar barreras de tiempo y espacio para enlazar las mentes de dos personas: un ser humano, a solas, escribe lo que piensa, mientras otro se concentra en las mismas percepciones al leer. Eso hacemos tú y yo ahora. Estamos juntos. En el mismo instante y lugar.

Has echado un vistazo a mi entorno y yo, sin que te dieras cuenta, he llegado hasta el tuyo.

Te propongo que nos mantengamos cerca.

Al escribir, como al hablar, el disertador puede alzar la voz dirigiéndose a "nadie", mientras mira al horizonte, movido sólo por la retribución que le da el placer de desahogarse. Pero también es capaz de hacer contacto verdadero con una persona, bajar de la plataforma, tomar asiento frente a ella, mirarla a los ojos y charlar de frente. La primera alternativa es la usual. Yo la he practicado. Aunque en muchas ocasiones he expuesto mis ideas a través de personajes imaginarios, hoy he decidido practicar la segunda; cerrar la cortina del teatro e invitarte a tomar un café a solas. ¿O prefieres un té?

Si me lo permites, voy a levantarme a cerrar la ventana. Aunque el aire de la noche es saludable, conviene que entibiemos el ambiente.

Al adquirir un libro llamado Te desafío -a prosperar-, sabías a qué atenerte.

Te confrontaré como un amigo, de esos que te dicen lo que no quieres oír. A veces seré incisivo o sarcástico, sólo con intenciones de forzarte a reflexionar, y nunca de lisonjearme sobre ti. Reflexionaremos juntos ideas concretas para lograr mayor prosperidad. Esa es la meta.

PROSPERIDAD se define como el bienestar material y emocional, producido por la consecución de proyectos nobles.

Así que en cada tema hablaremos sobre las diferentes formas para conseguir:

1. Bienestar material.
2. Bienestar emocional.
3. Realización de proyectos nobles.

(Noble es relativo a lo honroso, estimable; contrapuesto a deshonrado y vil[1]).

Estoy dispuesto a encarar la meta y cumplirla mediante argumentos serios, sin técnicas motivacionales.

No soy un motivador.

Incluso me molesta cuando alguien me llama así.

En el mundo abundan ahora "payasos tristes", que levantan el ánimo de otros cuando el de ellos está por los suelos. Desapruebo ese ejercicio. Es un circo. Si me siento deprimido, te lo diré. También te hablaré de mis errores. He cometido muchos.

Tiempo atrás, ante una desgracia provocada por mis propias incoherencias, me puse de rodillas, lloré, grité, clamé y prometí que jamás escribiría una sola palabra que no se demostrara con mi estilo de vida. Así que todo cuanto leerás aquí son conceptos probados, ideas que he visto funcionar, principios alrededor de los cuales gira mi existencia. Lo único que puedo garantizarte es que vivo todo lo que escribo y hago cuanto digo.

Aunque todos los conceptos de este libro son propios —cuando están inspirados en otro autor, le doy el crédito—, no te sugeriré fórmulas infalibles ni trataré de imponerte mis pensamientos. Respeto tu individualidad y adivino que tienes una filosofía personal, pero te compartiré la mía. Quizá hallemos puntos de afinidad. Si alguna idea te parece aplicable, hílala al contexto especial de tu vida, aprópiatela, ponle tu sello distintivo y comprométete con ella.

Ya cerré la ventana.

Si me permites, voy por dos tazas de agua caliente y varios sobrecitos para que te prepares lo que apetezcas.

mientras tanto puedes poner algo de música.

Al lado derecho de la computadora están los discos.

Elige el que te guste.

Ahora vuelvo.

audita tu crisis

Mi maestro de *Auditoría Organizacional* estaba enfermo. Los alumnos más rudos le decían *Cuasimodo*. Era famoso en la Facultad, porque a la vista de varias generaciones su cuerpo fue cambiando poco a poco. Un semestre tuvo necesidad de usar bastón, el siguiente, andadera, y después silla de ruedas. Quienes lo conocimos de cerca admiramos su valor y perseverancia. Aprendimos de él. Tanto, que varios meses después de terminar mi carrera, fui a buscarlo.

En su oficina hallé a otro catedrático.

—Disculpe —pregunté—, ¿usted sabe dónde puedo encontrar al maestro Velásquez?

—Ya no trabaja aquí.

—¿Su salud empeoró?

—Lo ignoro. No tuve el gusto de conocerlo. Era minusválido ¿verdad?

Tardé en asimilar la arrogancia del recién colocado. Respondí con enojo:

—Sufría artritis, sí. ¡Pero no era minusválido!

—No quise ofenderte —me tendió la mano—. Yo soy el nuevo asesor académico. Acaban de contratarme. ¿Puedo ayudarte?

—Lo dudo —respondí con frialdad—. ¿Sabe por qué vine? Me gradué hace dos años y estoy pasando por momentos difíciles. Mi maestro siempre decía palabras de ánimo a sus alumnos. Lástima que ya no esté. La escuela ha perdido a su mejor consultor.

—Dame una oportunidad. Tal vez yo pueda orientarte. ¿Cuál es tu problema?

—¿Qué importa? ¡Tengo demasiados y ninguno a la vez! Me siento deprimido y furioso sin saber la causa… Mi mente está hecha un torbellino. Pero ¿qué va a saber usted de eso? ¡Acaba de conseguir un buen trabajo!

Mis palabras no lo inmutaron. Sólo dijo:

—¡Haz una auditoría!

—¿Cómo?

—Tomaste esa clase ¿no es así? ¡Aplica lo que aprendiste!

—¿Se está burlando?

—De ninguna manera. Yo soy un profesionista igual que tú, y si el maestro a quien te refieres con ese cariño fue tan bueno, te habrá enseñado que para salir de una crisis debes revisar tus rutinas y detectar las anomalías. Una auditoría es el inicio de toda corrección. Clasifica tus dilemas antes de intentar resolverlos. Es una práctica de gente que sabe razonar. Con los problemas de la vida hay que hacer lo mismo que con la caja de tu casa en la que guardas todos los cables… Destápala, extrae el enredijo y desenrédalos con paciencia. Sólo así podrás saber cuál es de computadora, de audio, de video, de corriente o de teléfono.

—Ajá —chanceé—, ¿y luego?

—Para cada tipo de problema hay procedimientos de solución. Eso lo aprendiste en la clase de Auditoría. ¡Demuestra lo que sabes! No hagas quedar mal a tus profesores.

—De acuerdo.

Di la vuelta y me retiré.

Aunque los consejos del nuevo catedrático fueron como golpes de granizo en mi cabeza, tuve que reconocer su grado de veracidad. Habían retado mi amor propio. Yo estaba en medio de una gran confusión, así que fui directo a la biblioteca del Tecnológico y me encerré en un cubículo privado durante horas. Leí fragmentos de varios libros y bosquejé ideas nuevas. Al fin comencé a deshacer los nudos. Empecé por axiomas básicos:

La Real Academia, define CRISIS...

...como una *mutación* (cambio drástico) importante en el desarrollo de procesos físicos, históricos o espirituales.

Aunque sucesos *positivos* como el nacimiento de un bebé o un ascenso pueden "mutar nuestros procesos", lo que nos desequilibra más son las contingencias *negativas*: pérdidas económicas, enfermedades, peleas, agresiones, muertes...

Ahí me detuve.

Mi crisis era producto de varios eventos negativos. Pero la caja con cables estaba de verdad enredada.

Escribí una lista de casi trescientas situaciones negativas que podían "mutar los procesos" de cualquier persona y las fui clasificando hasta hacer un embudo; al final la categorización fue simple:

Por su origen, sólo existen 3 tipos de crisis. Causadas por:

> Personas abusivas
> Errores propios
> Adversidad natural

(Aún los problemas económicos tienen los mismos motivos:

Personas abusivas nos roban o defraudan.

Errores propios nos llevan a perder dinero y oportunidades de ganarlo —en malos negocios, descuidos u omisiones.

La adversidad natural daña nuestra economía —durante enfermedades, accidentes o catástrofes.)

Estando en la biblioteca volvió a mi mente aquel profesor enfermo. Su crisis fue originada por la tercera causa. Sin embargo, a pesar de su sombría situación general, posteriormente fue víctima de algo peor.

Estábamos en plena clase cuando alguien tocó la puerta. Era el director de la Facultad.

—Licenciado —anunció con voz inestable—. Necesito hablar con usted.

Nos pareció extraño que la máxima autoridad *en persona* fuera hasta la puerta de un aula. Debía tratarse de un problema muy serio. Así lo entendió también nuestro profesor. Interrumpió la cátedra y empujó con ambas manos su silla de ruedas para salir. No hizo su pausa habitual al bajar el pequeño escaño que hacía las veces de tarima. Estuvo a punto de irse de boca.

Ya afuera del salón cruzó algunas palabras con el director del Tecnológico. Alcanzamos a escuchar que había ocurrido un accidente… Segundos después, las palabras civilizadas fueron sofocadas por gritos aterradores.

El hijo mayor del maestro había fallecido.

Una cosa es padecer el sufrimiento lento, como el producido por la artritis deformante, que aumenta de manera imperceptible día a día, y otra *muy distinta* es estrellarse de súbito con un enorme muro de piedra al conocer la muerte inesperada de nuestro hijo mayor.

Así comprendí que...

Por su *manera de aparición*, existen 2 tipos de crisis:

> 1. Repentinas (impacto)
> 2. Paulatinas (desgaste)

¿Te gusta el box? A mí no, pero mi papá era aficionado, y en mi niñez me sentaba con él a ver las peleas por televisión.

Las más espectaculares terminaban en nocaut. Siempre era interesante observar al pobre infeliz sobre la lona recibiendo los primeros auxilios.

Una crisis repentina o "por impacto" equivale a sufrir nocaut: De forma brusca, como por un golpe, se rompe el alambre que sostenía tu balanza. Hay sangre, vienen las asistencias médicas, aparecen curiosos y voluntarios que quieren ayudarte; también tú estás consciente de la necesidad de recuperarte.

Por otro lado, una crisis paulatina o "por desgaste" equivale a perder por decisión técnica.

Si ambos boxeadores resistían hasta el final, esperaban el veredicto de los jueces. Después, el triunfador se ponía a dar saltos de alegría mientras el perdedor desaparecía de la escena abatido, e ignorado por todos... Eso es la crisis por desgaste: Tus problemas se arraigan silenciosa y lentamente, día a día, mediante golpes "normales", que te debilitan poco a poco. El alambre que detenía tu balanza también se rompe, sólo que ahora, de forma discreta, no por un golpazo sino por la fatiga mecánica de haber sido doblado una y otra vez durante mucho tiempo. ¡Nadie se da cuenta! Las luces no están sobre ti. Todos te ignoran.

La *crisis por desgaste* es solitaria.

Miles de los suicidas que no aparentan tener problemas demasiado graves, se quitan la vida cada año. Millones de matrimonios llegan al divorcio sin que ninguno de los cónyuges sepa con exactitud cual fue su punto de ruptura...

La depresión permanente de una crisis lenta, como diría Marinoff, no debería resolverse con Prozac, sino con Platón. Exige un análisis objetivo de las circunstancias.

Yo tuve que hacerlo. Por favor hazlo tú también. Lee estos párrafos de forma participativa. Involúcrate. Concéntrate.

El ambiente en el que estamos ya se ha entibiado un poco. ¡Ahora, despierta!

Haz un lado la taza de bebida caliente y toma un papel para escribir.

Audita tu crisis siguiendo estos pasos:

1. Enlista tus actividades diarias.

2. Subraya los momentos que te produzcan estrés o incomodidad (pueden *no* ser evidentes).

3. Analiza y escribe por qué esas actividades te disgustan.

4. Determina si son causados por:

    I. Personas abusivas.

    II. Errores propios.

    III. Adversidad natural.

5. Detecta si lo que te incomoda ocurrió:

    A. Paulatinamente.

    B. Repentinamente.

Sólo cuando hayas hecho el examen anterior, tendrás una base de partida para actuar.

¿Cuál es tu tipo de crisis?

Revisa el siguiente resumen:

A) CRISIS PAULATINAS O POR DESGASTE

TIPO	CAUSAS	EJEMPLOS
1-A	Personas abusivas	¿Te hallas en un largo litigio?, ¿alguien te fastidia o quiere vengarse de ti?, ¿tu jefe te desprecia?, ¿sufres agresiones o maltratos?, ¿tu situación familiar es inestable?
2-A	Errores propios	¿Insultaste a otra persona?, ¿te involucraste en negocios o trabajos que detestas?, ¿caíste en una infidelidad?, ¿mentiste?, ¿robaste?, ¿perdiste algo valioso por tu descuido?
3-A	Adversidad natural	¿Sufres una enfermedad crónica?, ¿vives en una zona hostil?, ¿atraviesas a diario, embotellamientos de tránsito?, ¿el dinero que ganas no te alcanza?, ¿percibes la amenaza continua del medio ambiente?

B) CRISIS REPENTINAS O POR IMPACTO

TIPO	CAUSAS	EJEMPLOS
1-B	Personas abusivas	¿De manera imprevista fuiste víctima de un asalto, secuestro, agresión física o verbal?
2-B	Errores propios	¿La policía te detuvo?, ¿tu familia se fracturó de forma inesperada?, ¿alguien evidenció tu mentira? ¿Perdiste dinero por malas decisiones? ¿Acaban de demandarte?
3-B	Adversidad natural	¿Sufriste un accidente?, ¿recibiste la noticia de una enfermedad?, ¿fuiste víctima de una catástrofe?, ¿falleció algún ser querido?

Aquella tarde en la biblioteca, hice un análisis cuidadoso de mis problemas y hallé que me encontraba viviendo una crisis de tipo 1-A / 2-A.

Ahora tenía claro el hoyo en el que estaba. Mi problema era *cómo* salir de él.

De eso se trata el resto del libro.

Te garantizo que cuando termines de leerlo, contarás con elementos precisos para superar tu crisis personal, sin importar de qué tipo sea.

Me atrevo, incluso a decirte que contarás con herramientas para *mejorar tu situación económica*.

Es una promesa real, pero condicionada.

Como te comenté en la introducción, aquí hallarás conceptos que he comprobado; me han funcionado *a mí*, mas para que te sirvan *a ti* también, deberás apropiártelos; no leerlos de forma superficial, sino comprometerte con ellos y llevarlos a tu realidad para poner manos a la obra.

¿Ya hiciste una auditoría de tu crisis?

¿Estás leyendo de corrido, sin actuar?

¿En qué quedamos?

No intento molestarte, pero vamos hablando claro:

Si te consideras un ser humano perfecto y en total armonía con tu entorno, quizá deberías raparte el cráneo y enlistarte como cenobita en algún claustro del Himalaya.

Escribo estos párrafos, pensando que eres una persona común, con problemas terrenales y deseos sinceros de superarlos. ¿Es así? ¿Entonces la razón por la que no has comenzado a hacer la auditoría de tu crisis es quizá porque tienes la costumbre de espectar pasivamente sin actuar? Eso debe cambiar ya, ¡desperézate por favor!

Tu tiempo es muy valioso y el mío también.

Es el momento para tomar decisiones. Tal vez no querías leer un libro como éste. Estás a tiempo de cambiarlo, pero si continúas leyendo voy a dar por sentado que estás realizando cada ejercicio y te has comprometido de verdad en la búsqueda de respuestas.

Así que…

TE DESAFÍO...

A auditar tu crisis. ¡En este instante!

¿No tienes un cuaderno a la mano? ¡Usa las últimas hojas de este ejemplar y escribe la lista de tus actividades diarias!

Detecta tus rutinas desagradables.

Localiza a las personas que representan una amenaza para ti. Descubre qué te hace sentir mal y por qué.

Reconoce tus dolencias.

Examina tus errores con total humildad.

No trates de justificarte.

Ya hablaremos de cómo lidiar con todo eso. Por lo pronto, desanuda tu maraña de cables y ponlos sobre la mesa.

Para subir a nuevas alturas de realización requerirás una escalera, y ascender peldaño a peldaño.

En el próximo capítulo hallarás el primero.

Cuando lo veas con claridad quizá te preguntes cómo fue que no habías notado la existencia de una herramienta tan poderosa.

Era de noche cuando volví. Casi todos los alumnos se habían retirado ya. Sólo quedaban algunos rezagados en el pequeño recinto de computación. Mi esposa estaba cerrando las oficinas con ayuda de la secretaria.

—¿Dónde andabas? —me dijo al verme llegar—. Hubo mucho trabajo esta tarde.

De inmediato noté la inflexión malhumorada de su voz.

—Perdóname, amor. Necesitaba salir a respirar. A veces siento que me ahogo.

—¡Pues por aquí también habemos algunos a los que nos falta el aire!

La secretaria se percató de que estaba a punto de convertirse en intrusa frente a un matrimonio que discutía.

—¿Puedo retirarme?

—Sí —contesté tomando el mando—, sólo revise que no haya nadie más dentro de la escuela.

—Claro. Hasta mañana.

Mi esposa y yo nos quedamos solos. Hicimos en silencio la rutina de barrer cada salón y acomodar los pupitres. Las clases empezarían muy temprano al día siguiente y debíamos dejar todo preparado, como cada noche.

—¿Dónde anduviste? —me preguntó después en tono conciliador.

—En el Tecnológico. Necesitaba pedirle un consejo al profesor Velásquez. Ya no trabaja ahí. Encontré a otro maestro.

Un tipo pragmático. Me retó. Así que fui a la biblioteca e hice una auditoría de mis problemas.

—¡Oh! —exclamó con cierto sarcasmo—, ¿y se puede saber qué hallaste?

—Tengo una crisis doble. *En primer lugar* a causa de gente abusiva: Vivimos en medio de una terrible inseguridad. Ya no podemos salir por las noches y durante el día en las calles hay mucha agresión. Los funcionarios corruptos nos extorsionan más que nunca. *En segundo lugar*, tengo una crisis por causa de errores propios. ¡Mi trabajo es desastroso! Hace doce meses emprendimos esta pequeña escuela e innovamos tres carreras técnicas. ¡Fueron un fracaso! Tú lo sabes mejor que nadie. Después de hacer los programas de estudio, aprobar todos los requisitos de Educación, publicitar los planes e inscribir alumnos ¡resulta que nuestras nuevas carreras no tienen demanda ni futuro! ¡Todo lo hice mal!

Fui por mi portafolios y extraje los esquemas que había estado dibujando. Terminé de explicar:

—Mira. Lo que acabo de decirte pertenece a este rubro. Crisis por desgaste, del tipo 1-A/ 2-A.

Ella me miró con el ceño fruncido. No sabía si soltarse a reír o consolarme. Afortunadamente optó por lo segundo.

—Lo que tú necesitas es dejar descansar ese cerebro. Olvida tantas hipótesis e invítame a cenar. ¿Quieres?

—Claro, pero eso no me ayudará a salir del agujero en que me encuentro.

—¡Pues busca una escalera!

—Eso haré. Voy a encerrarme a pensar toda la noche.

Movió la cabeza y siguió acomodando los pupitres. Luego echó un vistazo alrededor y una chispa de inteligencia se encendió en su mirada.

—Te daré el primer peldaño.

—Adelante.

—Mira, Carlos. Esta pequeña casa antes fue un taller mecánico. Se hallaba en ruinas. ¿Recuerdas?

—Sí.

—La instalación eléctrica no servia. Había un animal muerto en algún lugar debajo de tanta basura. Olía mal. El patio estaba lleno de aceite automotriz. Éramos novios cuando me invitaste a conocer el sitio donde pretendías poner una escuela de carreras técnicas; yo creí que habías enloquecido. Desde mi punto de vista era preferible demoler todo. Pero, ante mi asombro, tu padre y tú, recorrían el lugar, entusiasmados, diciendo dónde levantarían un muro y tirarían otro; describían los salones, las oficinas, la recepción, la biblioteca y hablaban incluso de acabados interiores.

—Mi papá me enseñó a visualizar.

—Sí. Claro. Tu padre es un genio, y aprendiste de él. Después me enseñaste a mí. Compraste el inmueble, nos casamos, y juntos, trabajamos hasta la fatiga. Durante meses hemos ido haciendo realidad aquella visión. Voltea. Mucha gente nos critica, pero el sitio es hermoso ahora.

—¿Qué quieres decirme?

—¡Recuerda quién eres, amor! Has construido donde todos decían que era imposible. Fundaste una empresa sobre ruinas. Creaste nuevas carreras técnicas y libros enteros con programas de estudio.

—Que no sirven para nada…

—¡Pero los hiciste! Son creación tuya. Aunque no funcionen como querías, fuiste capaz de materializarlos. Provienes de una familia visionaria y además, eres hijo del Creador. Estás hecho a su imagen. Por eso también eres creativo. Dijiste que te encuentras inmerso en una ¿crisis por desgaste 1-A, 2-A? Pues comienza entendiendo que tú no perteneces a ella.

Le di las gracias. Esa noche la llevé a cenar y dejé descansar mi mente. En efecto, fue como subir un primer peldaño.

Súbelo tú, ahora.

Recuerda quién eres.

¿Por qué has aceptado bajar la guardia cuando en el pasado luchaste tanto?

¿Dónde está el carácter que has demostrado otras veces?

¿Por qué te encuentras en una rutina destructiva?

Recuerda tu sangre, tu apellido, tu nacionalidad, tu historia, tus dones, tus destrezas, tu nacimiento espiritual...

No eres un animal. Tampoco aceptes ser una persona mediocre o perdedora.

Si alguien te ha hecho creer que vales poco, rechaza esa idea. Es una mentira.

Eres capaz de crear. Lo has hecho antes. Tienes ideas originales. Vuelve a generarlas. Recuerda tus capacidades únicas. No permitas que el fantasma de la culpa te haga dudar.

Esto es sólo un primer peldaño.

Yo lo entendí así.

Era cierto. Había logrado construir sobre ruinas y podía volver a hacerlo, ¡pero prefería hacerlo en otro lado!

Mi empresa y familia estaban en suelo inhóspito. Debía sacarlas de ese sitio de impunidad, anarquía y corrupción.

Una tarde me encerré en la oficina con la idea fija de vender mis autos, traspasar la escuelita (y todos sus problemas), para mudarme con mi esposa a otro país.

Coloqué varios libros de la enciclopedia sobre la mesa; me puse a leer las características generales de otras naciones.

Me hallaba haciendo un análisis cualitativo de cada posibilidad cuando mi secretaria me llamó por el teléfono.

—Una mujer desea hablar con usted.

—Dígale que estoy ocupado.

—Es madre de familia del colegio. Insiste en que sólo le quitará unos minutos. Parece tratarse de algo importante.

—Está bien. Permítale pasar.

No me preocupé por limpiar el escritorio ni por cerrar el libro que tenía frente a mí.

La mujer que entró al despacho era conocida. Había inscrito a sus dos hijas en mis nuevas carreras. Pensé que venía a reclamarme.

—Hola —le dije—, tome asiento. ¿Cómo le va con la crisis?

—¿A qué se refiere?

—Pues al país. ¿Qué le parecen las últimas noticias?

—Procuro no ver la televisión. Yo más bien creo que hay una psicosis colectiva.

—Ah… —bajé la vista y carraspeé—. ¿A qué debo el honor de su visita?

Ella inhaló y fue al grano.

—Director. Yo necesito decirle algo muy importante. Mis hijas son alumnas de usted, y… bueno —se interrumpió; le costaba trabajo hilar las palabras—, en casa sufrimos una desgracia. Es tan fuerte, que nos ha mantenido ocupados. Esa es la verdad por la que ni siquiera veo las noticias. Nuestra crisis personal es demasiado, ¿cómo le diré?, abrumadora, para pensar en otras cosas.

—Cuénteme.

—No sé si sepa que soy divorciada. El año pasado me volví a casar. Las niñas aceptaron a su padrastro. Estábamos esperanzadas en volver a conformar un hogar completo. Yo tuve malos presentimientos, pero los ignoré, y cuando me di cuenta del error, fue demasiado tarde.

La voz se le quebró. Inhaló y exhaló.

—Mis hijas duermen en cuartos separados. Son adolescentes tímidas. Usted las conoce. La menor comenzó a mostrarse retraída. Parecía enferma. Me preocupó mucho. No quería decirme nada, pero la mayor se atrevió y me confesó que… —titubeó—, mi esposo abusaba sexualmente de ellas.

Primero lo hizo con la más chica. Entraba a su cuarto por las noches… La tocaba y la besaba. Fue un proceso lento; pero al final consumó el acto sexual… La mayor supuso cuanto había pasado porque él intentó hacer lo mismo con ella

Comenzó a llorar discretamente. Le pasé un pañuelo. Al hacerlo vi que mi mano temblaba. Sentía indignación.

—¿Denunciaron al hombre?

—Sí. Anda prófugo. Espero que lo atrapen y lo metan a la cárcel. Él venía a veces a recoger a mis hijas a la salida de la escuela. Necesitaba que usted estuviera al tanto de todo por si aparece…

—Llamaremos a la policía de inmediato.

—Gracias.

—Tiene todo nuestro apoyo —insistí.

La mujer se puso de pie para despedirse.

—¿Y ustedes cómo están? —le pregunté.

—¿Perdón?

—Las muchachas y usted ¿cómo se encuentran? ¿No necesitan alguna terapia? Yo podría arreglarlo.

—Se lo agradezco, pero ya estamos trabajando en ello.

—¿Segura?

Me miró y dijo sin poder evitar vibración en su voz.

—¡Yo soy la madre de esas chicas! ¡Aunque alguien quiso destruirlas, voy a luchar por reconstruirlas! Estoy llevándolas a tratamiento psicológico y a un grupo donde nos ayudan espiritualmente. He decidido permanecer junto a ellas cada día, atenta a su recuperación. En vez de sentirme culpable y lamentarme, voy a fortalecerlas. Ese es mi compromiso —apretó los puños—. Cuando todo sale bien es fácil que las personas se apoyen unas a otras, pero al momento de la crisis podemos ver con quién contamos en realidad. ¡Y ellas cuentan conmigo! Jamás dejarán de ser mis hijas y estoy dispuesta a todo. A dar la vida por ellas, si es necesario.

—La… la feli… cito —titubeé.

Cuando la señora salió de mi oficina, me quedé estático durante varios minutos.

"Estoy dispuesta a todo".

"Alguien quiso destruirlas y yo voy a luchar por reconstruirlas".

"Cuentan conmigo".

Entonces me solté a llorar.

Con frecuencia la persona que recuerda quien es, se quebranta ¿Cómo podía haber vociferado en contra de lo que era mío? La cultura que había heredado, era una mezcla única de antecesores. Siempre sería mexicano aunque viviera en China. Mi acta de nacimiento era un papel incambiable. Decía dónde nací, que historia me respaldaba, que sangre corría por mis venas.

Entendí que yo no debía amar a mi país por sus virtudes sino porque formaba parte de mí y yo de él.

¿Mi patria tenía defectos? Yo tampoco era perfecto. Pero si alguien había abusado de ella, lastimándola y dejándola en problemas, más que nunca podía contar conmigo…

Entonces tomé los libros de otras naciones que estaban sobre mi mesa y los guardé.

Decidí quedarme a luchar por la mía.

Arreglaría la situación de mi empresa.

"Recuerda quién eres".

Escuchaba el eco de aquella frase en mi mente.

¿Podría empezar de cero otra vez? ¿Erigir sobre las ruinas en el mismo lugar? Claro. Sólo tenía que generar otra oportunidad.

Lo mismo te digo a ti.

¿Los errores que cometiste en el pasado te han traído problemas en el presente? ¿Eres tan culpable de haber fallado, como lo soy yo?

Entonces comienza de nuevo.

Aunque no lo creas, es más fácil perdonar a quien te hizo daño que perdonarte a ti, cuando te sabes responsable de algún yerro.

Así que enfrenta esta realidad: Sólo podrás ponerte en marcha de nuevo si te perdonas.

Es cierto, te equivocaste. No agaches la cara ni pongas gesto compungido. ¡Todos nos equivocamos alguna vez!

Hay jugadores de fútbol que fallan un penalti en pleno campeonato mundial y hacen que su equipo pierda la copa. ¿Los has visto? Algunos no se recuperan. El rechazo, las burlas y los ataques de todos sus compatriotas los aplastan. Jamás se perdonan.

Que no te suceda eso.

¿Has fallado un penalti importante? ¿Y?

Quizá te estás refugiando en eso para hacerte pasar por mártir.

¡Todos hemos fallado penaltis! Pero el mundo sigue su curso con dignidad. Tú también. ¡Recupera tu autoestima! Es una decisión voluntaria. Pronto meterás tantos goles que eclipsarás esa falla. Créeme.

A cierto empresario exitoso le pidieron que dijera, en una sola palabra, el secreto de su triunfo. Él contestó:

—Aciertos.

—¿Y cómo se logran los aciertos?

—Experiencia…

—¿Y cómo se logra la experiencia?

—Errores.

Así de simple. ¿De qué manera crecerás a niveles altos si nunca te equivocas, o si al caer te culpas tanto que no puedes levantarte?

El problema de las carreras técnicas que inventé, era complejo de resolver: Debía cancelarlas. Anunciar su falta de demanda y aplicación. Hacer cursos extraordinarios para cerrar los ciclos. Dar diplomas e indemnizar a quienes protestaran. Corregir mi error afectaba a maestros y alumnos. Además minaba el prestigio de una escuela naciente y podía costarme mucho dinero, (que no tenía).

Cuando estaba a punto de dar el paso correcto, la mano me tembló. Dudé y me detuve. Tenía mucho miedo.

Entonces mi esposa me dijo:

Actúa rápido.

Hice el anuncio casi con los ojos cerrados, y como ocurre casi siempre que anticipamos consecuencias nefastas, una vez iniciada la enmienda, todo resulta más fácil de lo que creíamos.

Hicimos una graduación parcial y emprendimos las carreras comerciales clásicas. A los pocos meses estábamos a reventar de nuevos alumnos inscritos.

La Real Academia de la Lengua define la palabra *crisis* de varias formas. Una la analizamos en el capítulo anterior. Otra es esta:

Momento decisivo de un negocio grave y de consecuencias importantes.

Si también titubeas ante la posibilidad de corregir el rumbo, ¡actúa rápido! El momento es decisivo y las consecuencias importantes. No te frenes por temor. El miedo te ha hecho bajar las expectativas, y has aceptado cierto grado de medianía.

¡Reacciona!

Para salir del hoyo debes moverte cuanto antes.

¿Necesitas presentar un proyecto?, ¿dirigir gente?, ¿aprender habilidades?, ¿conocer el tratamiento de una nueva enfermedad?

¡Deja de preocuparte! Da un salto y comienza a actuar.

Cuanto más te tardes, más se agravará tu temor.

Si te quedas inmóvil te acobardarás. *La acción quita el miedo.*

Decide luchar de forma incansable, otra vez.

TE DESAFÍO...

A recordar que eres capaz de romper rutinas deprimentes.

A volver a construir.

A identificar las grandes ideas de tu subconsciente y los nobles anhelos de tu corazón.

A revertir la tendencia negativa. (Lo has hecho antes, ¡vuélvelo a hacer!)

A recordar quién eres.

A perdonar tus errores, brindarte otra oportunidad y moverte rápido.

¿Alguna vez has escuchado que un artista estaba inspirado?

Tú eres artista… en el pasado has usado la imaginación de manera constructiva. Te has inspirado.

Lo creas o no, fortalecer esa habilidad y practicarla correctamente se convertirá en otra herramienta utilísima para hacer que muchas cosas cambien a tu alrededor.

imagina

ejercicio para superar la crisis de tipo 1-A, 2-A y 3-A
(todas las paulatinas o por desgaste)

Tú y yo podemos imaginar posibilidades en las circunstancias más adversas. También somos capaces de usar esa potencia en nuestra contra visualizando desgracias cuando todo va bien.

Con el paso del tiempo lo que imaginas de forma reiterada se hace realidad.

Para salir de una crisis por desgaste requieres imaginación.

Me lo dijo la esposa de mi profesor.

Llegué a la casa del maestro Velásquez una tarde.

Toqué el timbre varias veces, sin éxito. La puerta exterior se encontraba abierta, así que entré al garaje con cautela. Había bellas jardineras recién podadas y el piso brillaba. Alguien cuidaba con esmero los detalles de la propiedad. Pasé junto a dos automóviles estacionados. Me apoyé en uno de ellos y sentí el cofre caliente. Hacía pocos minutos que acababa de ser usado. Entonces me acerqué al otro; se me enchinó la piel. Era antiguo y desvencijado. Discordaba con el entorno porque estaba sucio. Limpié la ventanilla y me asomé al interior. No cabía duda. Aún tenía las adaptaciones en el volante para que pudiera conducirse sin pedales. ¡Era el coche de mi maestro!

—¿Puedo ayudarlo?

Me sobresalté. Una mujer había salido de la casa.

—Sí —respondí—, gracias. Busco al señor Velásquez…

Ella respiró. Luego lo dijo medio en clave.

—Mi esposo se fue con mi hijo mayor.

—¿Quiere decir que falleció también?

—Hace seis meses.

La noticia me estremeció, bien que ya la esperaba.

—Yo fui su alumno y asistente —agregué en voz baja—. Aprendí mucho trabajando con él… Lo extraño.

Ella sonrió.

—¿En qué puedo servirle?

—Su marido —le dije—, fue un buen hombre. Muchos jóvenes nos maravillábamos al verlo vivir con entusiasmo, a pesar de su enfermedad.

—Sí —coincidió—, era como cuando un pordiosero se queja por no tener zapatos hasta que ve a un hombre trabajador que no tiene pies.

Me quedé callado. No pude distinguir si el comentario de la mujer estaba cargado de envanecimiento o de amargura. Ninguna de las opciones sonaba saludable.

—Debería sentirse orgullosa —dije después—. Si él dejó huella fue sin duda porque usted lo apoyaba.

Movió la cabeza de forma negativa y agachó la vista.

—Yo le estorbé varias veces. Era como un Job moderno, y yo como la esposa maldiciente de la historia antigua. Carezco de la imaginación que él tenía…

—Ah…

—La imaginación se convierte en fe —prosiguió—, la fe en certeza y la certeza en realidad. Él era un hombre inspirado. Por eso fue tan feliz…

—¿Inspirado? ¿Esa no es una condición para "poetas"?

—También para músicos y locos, como todos nosotros…

—Yo pensé que el secreto de su esposo era la correcta actitud mental.

—No. Eso es sólo una consecuencia más de la *imaginación*. ¿Conoce la historia de dos soldados heridos en la guerra de Vietnam que compartían el mismo cuarto en un hospital?

—Alguna vez la escuché.

—Mi esposo se la sabía de memoria. Era su favorita. Se inspiraba con ella.

—Ya comprendo —no comprendía nada.

—Hasta luego, joven.

La mujer volvió a entrar a su casa sin esperar mi despedida. Contemplé por unos segundos más el auto adaptado del profesor y me retiré.

Llegando a la casa busqué la historia a la que ella se refirió.

Aunque era popular no dejaba de resultar impresionante:

Dos soldados heridos que habían estado a punto de morir en el campo de batalla, se recuperaban lentamente en el sanatorio más pequeño de la región.

Uno de ellos tenía perforado el pulmón derecho. El otro estaba casi enyesado por completo. El primero, acostado junto a la única ventana de la habitación, era sometido todas las tardes a un tratamiento doloroso para extraer el líquido que se formaba en sus pulmones. Como precisaba sentarse en la cama de cara a la ventana, aprovechaba para describir cuanto podía ver.

—Hay un bosque extraordinario —decía y su compañero escuchaba—. En medio de enormes árboles se distingue el más bello lago que puedas imaginar. Las parejas caminan tomadas de la mano en los linderos y algunos niños juegan con barquitos de papel junto a la orilla. Al fondo se ven las nubes límpidas y el sol matiza el horizonte con tonos violetas.

El otro soldado, inmóvil, cerraba los ojos y se imaginaba cuanto su compañero decía…

Cada tarde, el hombre de la ventana relataba escenas bellas. Se inspiraba al describir desfiles multicolores, regatas de veleros, atardeceres increíbles, la dicha de familias jugando, abrazándose y rodando por el césped.

Una tarde, el hombre enyesado sintió envidia. ¿Por qué le había tocado una cama tan lejos de esa ventana? En toda su vida, la mala fortuna lo había perseguido. Desde niño sus padres lo despreciaron. Después tuvo una novia que lo dejó. ¡Y ahora, en aquel remoto hospital tenía que escuchar las engreídas palabras de su compañero cada vez que veía hacia el exterior, mientras él, estático, debía conformarse con observar el techo! ¡Era injusto!

Esa noche, el hombre con la perforación pulmonar broncoaspiró y comenzó a toser. Desesperado, trató de llamar a la enfermera, pero no pudo. Siguió tosiendo. Angustiado miró a su compañero de cuarto, pidiendo ayuda con los ojos. El hombre enyesado se fingió dormido.

Al cabo de varios minutos la tos cesó.

Apenas amaneció, entró la enfermera al cuarto.

Encontró un cadáver junto a la ventana.

—¡Cómo es posible! —se lamentó—. ¿Por qué no habrá tocado el botón de alarma? Yo pude haberlo salvado. ¿Usted lo escuchó tosiendo?

—No.

—Qué pena.

Sacaron el cuerpo. A las pocas horas la enfermera volvió a entrar a la habitación. El soldado que quedaba dentro le preguntó:

—¿Podría pasarme junto a la ventana?

—Claro.

Ella pidió ayuda para mover al hombre quien al fin podría mirar las maravillas del paisaje. Se llevó una gran sorpresa al asomarse. Del otro lado de la ventana sólo había una pared de ladrillo, sucia y herrumbrosa.

Después de leer aquella historia comprendí a mi profesor.

Te conté que padecía artritis deformante y cada semestre empeoraba su condición física.

A veces necesitaba impartir clases en edificios sin rampas y entre varios lo cargábamos para subir los dos o tres escalones. No podía escribir en el pizarrón. Dictaba sus notas y explicaba… Las autoridades le insistían en que dejara de trabajar. El Seguro Social le daría una pensión de por vida, pero él se negaba a considerarse inválido. Seguía luchando en medio de su crisis.

Recuerdo muy bien una de las últimas clases que nos dio. Tomé notas con tanto interés que durante años repasé los apuntes de esa sesión. Aunque el hombre tenía una especie de tic en la cara y temblaba al hablar, sus conceptos se quedaron grabados con fuego en mi corazón. Los he dicho de diferentes formas en varios de mis libros. Nos dijo:

—El dolor nos acerca al amor, porque nos vuelve más sensibles...

"Antes, por ejemplo —continuó—, yo evadía a las personas necesitadas que se acercaban a pedirme una limosna, no me conmovía ante el dolor ajeno. Ahora las lágrimas se salen de mis ojos cuando veo a una mujer abandonada o un niño hambriento; ¡ahora comprendo cabalmente a la gente que sufre!

"Algunos dicen que vivo una muerte lenta, pero yo digo que estoy intensificando mi existencia. He decidido inspirarme; imaginar lo bueno que vendrá cuando deje este cuerpo.

"El dolor aumenta de forma gradual; un poquito cada día, sin embargo en las mañanas, al darme cuenta de que estoy físicamente peor que el día anterior, tomo la decisión de estar mentalmente mejor. Vivo mi crisis para crecer, no para morir. Cierro los ojos y me hago a la idea de que aún tengo mucho por qué respirar. Ya no puedo caminar, es cierto, pero aún puedo pensar, puedo ver, puedo oír, puedo hablar, puedo mover las manos, puedo sentir a mis hijos y a mi esposa. Antes no los apreciaba tanto.

Entre las palabras de aquel profesor he extraído y memorizado tres frases de oro:

Al darme cuenta de que estoy peor, decido estar mejor.
Vivo mi crisis para crecer, no para morir.
He decidido inspirarme.

Recientemente supe de un hombre cuyos riñones no funcionan.

Incapacitado para moverse, conectado a una máquina de diálisis… no puede trabajar y se la pasa en casa gritando, amenazando e insultando a los demás. Su amargura es tan grande que ha llegado a herir a sus hijas y a su esposa. Es un tipo sin inspiración. Ha decidido menguar, empeorar cada día y dejar que todos alrededor mueran un poco con él. Se ha negado a escupir el veneno que produce y se lo ha dado a beber a otros.

Las actitudes de ese enfermo sin riñones y la del profesor Velásquez, son diametralmente opuestas.

¿Hacia qué extremo de conducta te inclinas?

Como escritor, recibo muchos testimonios escritos. Algunos llegan a mi correo con doble signo de admiración.

Los envía el administrador de mi página Web. A veces son mensajes urgentes de personas que desean quitarse la vida. Analiza este:

Yo no soporto a mi padre. La palabra "padre" le queda grande, porque en realidad es un pobre diablo. Lo que me hizo cuando yo era niña no se lo voy a perdonar jamás. Además no puedo olvidarlo. Me echó a perder la vida, me marcó para siempre. Claro que la gente no se da cuenta porque mis marcas son internas, son en el alma. Una mujer no puede reponerse jamás del abuso sexual. Yo soy un fantasma que anda por la vida maldiciendo al ser que me dio la vida para después mancillarla. Te odio papá. Me ultrajaste, me humillaste y no te importé. Ahora a mí tampoco me importas, ni yo me importo.

Suena terrible…
Ahora analiza el siguiente párrafo de otro e mail.

Yo sufrí abuso sexual cuando era una joven. No ha sido fácil superarlo, pero he optado por verme como una mujer completa, intacta y bella. Siempre digo que me casé virgen, porque tuve relaciones sexuales por primera vez con mi esposo. La violación no cuenta, como tampoco contaría si alguien me hubiera clavado un cuchillo. ¡Y yo amo a mi esposo! Lo admiro como hombre. No entiendo por qué algunas mujeres que sufrieron abuso odian a todos los hombres y dicen que su vida ya no vale nada. ¿Eso no es equivalente a vivir con el violador a cuestas? Yo hace mucho que lo dejé atrás. No trato de esconderlo en el ayer ni de negarlo. Simplemente no le doy importancia, porque en mi vida presente no la tiene.

Nuevamente son dos ejemplos extremos. ¿Hacia cuál actitud te inclinas cuando tienes un problema?

¿Frente a un muro herrumbroso te deprimes, o ves con imaginación las posibilidades de lo que podría haber detrás?

No importa lo que hayas hecho antes:

¡A partir de ahora, inspírate en las crisis!

Si no sabes cómo, practica.

Hay quienes durante los momentos difíciles insultan, gritan, rompen relaciones, provocan daños materiales y hasta se suicidan.

Hacer lo opuesto es también una decisión voluntaria.

Requiere de mucho temple.

Inspirarse es buscar lo bueno, dentro de lo malo. Hallar el beneficio y aumentarlo.

En la enfermedad, en el dolor, en la muerte misma, existe un bien escondido, que puedes extraer y fomentar.

La lucha se librará, primero, dentro de tu mente.

Aún en contratiempos nimios, como la descompostura de un auto o la fractura de un hueso, existen bondades escondidas. Incluso con el nacimiento de un bebé enfermo viene un cargamento de enormes beneficios para quien decide inspirarse en él.

Cuando veas a un niño, ámalo no sólo por lo que ahora es, sino por lo que puede llegar a ser… Lo mismo haz contigo.

Tus problemas son escenarios móviles. Van a cambiar, *según lo que imagines*. Compréndelo. Si piensas que te has hundido y tu existencia es una basura, tienes razón. Pero si piensas que vives en victoria, a pesar de los problemas, también tienes razón absoluta. Las crisis sólo indican que hay un reto de crecimiento frente a ti. La vida te está exigiendo algo que tú puedes hacer. Así que…

TE DESAFÍO...

A usar tu imaginación de forma constructiva.

A dejar de maldecir, criticar y renegar.

A ver más allá de la pared.

A visualizar grandes posibilidades y no soltarlas hasta convertirlas en sustancia.

A usar tu imaginación para bien.

A no resignarte a vivir en crisis.

A exprimir ese cerebro que tienes entre las dos orejas, y comenzar a inspirarte ¡ahora!

Cuida de no usar el ingenio para el mal.

Cuando conoces el poder de la imaginación y aprendes a generar nuevas realidades, corres el riesgo de volverte una persona maquiavélica.

Cierto amigo empresario a quien llamaré Fallo, me contó que, de adolescente, usó su ingenio para robar. No se consideraba ladrón. Provenía de buena familia y tenía educación notable. Así que, según él, sólo trataba de obtener ciertas ventajas siendo astuto: Entraba a las tiendas de autoservicio y cambiaba las etiquetas para comprar barato cosas caras.

En aquél entonces los productos no tenían código de barras, así que la cajera marcaba las cantidades impresas y Fallo se salía con la suya.

Como el ejercicio le resultó fructífero, lo aplicó en otras áreas de su vida. Copiaba en cada examen y burlaba a su padre, sacándole dinero de la cartera.

Su imaginación le sirvió para contravenir las leyes, hasta que un día fue sorprendido mientras cambiaba los precios de varios discos.

El vigilante de la tienda estaba vestido de civil y observó sus maniobras. Entonces llamó a los policías.

Fallo fue detenido y llevado a las oficinas del almacén.

El gerente de la tienda lo miró con furia.

Entonces comenzó a hablar de forma muy clara y contundente.

Fallo recibió aquel día, primero un regaño y después un castigo tan fuerte que nunca más volvió a usar su imaginación para el mal.

Cuando me contó los pormenores, también afectó para siempre mi modo de pensar.

cambia tu polaridad

ejercicio para superar la crisis de tipo 2-A y 2-B
(todas las causadas por errores propios)

—¿Cuántos años tienes, grandísimo imbécil? —le preguntó el gerente de la tienda.

—Dieciséis.

—¿Y ya eres un delincuente? ¿Cómo puedes echar a perder así tu vida, zángano?

—Me llamo Fallo.

—¿Ahora exiges que te llame por tu nombre? ¿Qué derecho tienes a ser tratado con respeto? Estás aquí porque te atraparon robando.

—Sólo hacía una travesura.

El gerente puso un video y agarró al muchacho de la cabeza para obligarlo a mirar el monitor.

—Ése que aparece detrás de los anaqueles eres tú mismo en otras fechas. Te hemos estado siguiendo.

—De acuerdo, voy a pagar. ¿Cuánto le debo?

—Yo no puedo hacer la cuenta de tu deuda, pero la vida lo hará… —el gerente dejó de hablar; se tranquilizó y después dijo con aplomo—. Escúchame, Fallo. Graba esto en tu cerebro: *No se puede* robar. No es que no se deba, ¡es que no se puede! Todo lo que le des a alguien, se te devolverá multiplicado y todo lo que le quites a alguien se te quitará, también multiplicado. Es una ley. Lo peor que puedes hacer es dañar y creer que saldrás ileso, porque una fuerza de equilibrio se alzará sobre ti, y te cobrará tarde o temprano.

—De acuerdo. Ya entendí. ¿Me puedo ir?

—Serás llevado a la delegación. Ahí llamarás a tus padres.

Mi amigo suplicó y pidió perdón. Fue inútil.

Una hora después, su papá lo recogió en la central de policía. Fallo supo que recibiría un castigo. Su padre jamás le había pegado. Esa noche lo hizo. Tomó el cinturón y le dio cinco latigazos en las piernas. Aunque mi amigo pudo impedirlo, se quedó quieto mientras recibía el azote.

—Todo lo que tenemos en esta casa —le dijo su papá después—, fue ganado de forma honesta. Tú eres inteligente. Tienes ingenio. Más te vale que lo uses para el bien, porque si me entero de que volviste a robar, yo mismo te meteré a la cárcel.

Fallo nunca más cometió un error parecido.

Me impresionó tanto su historia que comencé a investigar. La ley de la que le habló el gerente de aquella tienda, existe.

Leyes naturales como la de gravedad nos afectan, sin importar cómo las definamos. Lo mismo ocurre con ésta, la que yo llamo "ley del magnetismo". Entiéndela bien:

Cuanto haces en el mundo real, activa una respuesta en el plano potencial. De esa manera te polarizas para atraer circunstancias específicas.

En otras palabras, te conviertes en imán de acontecimientos futuros…

Si estás en deuda con alguien, la vida te hará pagar. Así de simple.

Hace algunos años, un camión materialista se impactó con nosotros.

Varias horas antes habíamos pasado a la agencia de autos y

me dieron las llaves de uno nuevo. Fue extraordinario sentir el motor flamante en carretera. Cuando llegamos a nuestro destino, estaba lloviendo. Al detenernos en un semáforo detrás de un autobús de pasajeros sentimos el impacto en la cajuela. No fue un golpe pequeño. El camión materialista se había quedado sin frenos y se incrustó con nosotros empujándonos debajo del autobús que teníamos enfrente. Nuestro auto quedó aplastado por los dos extremos. Salimos vivos de milagro. El chofer culpable, escapó.

Esa noche, en la delegación de policía esperé durante horas que llegara algún responsable. Nunca ocurrió. Por lo que pude deducir, el dueño del camión sobornó a las autoridades para salir indemne, sin pagar. Protesté. Grité. Supliqué. Fue una pesadilla. Me prometieron justicia, y acabé haciéndome cargo de todos los daños.

Camino a casa, mi conciencia me interrogó:

—¿Alguna vez afectaste a otro automovilista?

—Quizá, pero jamás de esa forma.

—¿Dijiste "quizá"? ¿Cuándo?

—Bueno, hace algunos meses iba en el periférico y había un embotellamiento. Le pedí el paso a otro conductor. No quiso dármelo. Así que me le cerré y raspé todo el costado de su vehículo con mi camioneta. Un motociclista de tránsito vio la maniobra y nos detuvo. Me negué rotundamente a pagar los daños al otro chofer aduciendo que él había tenido la culpa por no dejarme pasar. Le di una propina al policía para que me liberara. El conductor del otro vehículo protestó, gritó, suplicó... Cuando se dio cuenta de que todo era inútil, dio la media vuelta y se subió a su auto dañado.

—¿Y no crees —me increpó mi conciencia con severidad—, que cuanto hiciste con aquel hombre inocente se te acaba de regresar ahora, multiplicado?

—¡Yo sólo rayé un auto viejo! Mi coche, en cambio era nuevo y se deshizo. En el accidente casi muere mi familia.

—Bueno. Así trabaja la ley del magnetismo. Realizas acciones en la vida y atraes consecuencias compensatorias.

—¡Eso es ilógico! ¿Qué tiene que ver un evento con otro? No hay relación directa en los objetos ni en los sujetos. No existe vínculo alguno que una esas ciudades y tiempos.

—Tú eres el eslabón. Así funciona la ley. Una persona es liga suficiente para dos sucesos. El universo tiene un perfecto equilibrio, desde los colosales mecanismos que rigen el cosmos hasta los más insignificantes detalles del citoplasma celular. La Creación descansa en un balance perfecto aún en los hechos que acaecen a cada persona. Recuerda lo que te dijo tu amigo Fallo. *Todo lo que le des a alguien, se te devolverá multiplicado y todo lo que le quites a alguien se te quitará, también multiplicado.*

Discutir con nuestra conciencia es, a veces desagradable. Nos deja callados y sin argumentos, por eso en ocasiones le damos la vuelta.

Este libro, de alguna forma te debe obligar a escucharla.

Ve cómo la ley del magnetismo se ha cumplido en tu vida una y otra vez, con asombrosa exactitud.

¡Abre los ojos y escucha!

Imagina que la cajera de una tienda te da el cambio equivocado.

Te das cuenta, no dices nada y te vas, creyendo que tuviste buena suerte. Así activas un efecto magnético en tu contra…

Después de varios años serás víctima de un robo quizá cien o mil veces mayor… Nunca pensarás que ese infortunio estará conectado a lo que tú gestaste cuando hiciste daño a la cajera (quien tuvo que pagar el billete que te llevaste o quizá incluso perdió su empleo), pero así será. Respecto a ella, aunque tu acción la haya dañado de forma momentánea, activaste en su plano magnético un efecto de restauración que la beneficiará en el futuro.

Así funciona la vida.

¿No es algo que pueda probarse por la ciencia? ¿Te cuesta trabajo creerlo?

Todas las filosofías y corrientes de pensamiento reconocen la existencia de esta ley y la refieren de distintas formas: "causa y efecto", "compensación", "equilibrio de sucesos", "karma", "causalidad", "talión", "dad y se os dará"…

Allá tú si no lo crees por ahora. Tarde o temprano lo harás. Quizá después de sufrir de forma innecesaria.

Cuanto mucha gente atribuye a la buena o mala suerte, no es más que la acción implacable de un magnetismo de equilibrio que siempre nos acompaña.

¿Conoces algún malvado a quien le ha ido de maravilla?

Yo también, pero es una ilusión.

Después de la tormenta, las aguas toman su nivel y cada persona termina estando donde debe estar. El corrupto será destruido y el honesto será levantado. En la vida terrenal o en la eterna. Al final, todos seremos la suma de nuestros actos y decisiones. Aunque tome tiempo.

La creación es perfecta y nadie puede infringir sus leyes: Si dañas, serás dañado, si robas serás robado, si ayudas, serás ayudado…

Somos imanes para lo bueno o lo malo.

Hace tiempo, conocí a una hermosa joven, de buena educación y familia impecable que se enamoró de un pandillero. Deseaba irse con él, ayudarlo a regenerarse, decía que todo cuanto su novio necesitaba era amor y comprensión. Traté de hacerle ver que las personas estamos acompañadas de una sombra invisible de fortuna o desgracia que se levanta sobre nosotros.

—Ese muchacho —le dije—, no es próspero; ha cometido delitos, consumido drogas, practicado sexo de forma irresponsable; si te fugas con él, su polaridad te envolverá también y no podrás escapar de las desgracias que los perseguirán.

—¿Entonces —me preguntó, decepcionada—, no crees que la gente pueda rehabilitarse?

—¡Claro! Todos cambiamos, pero no sin antes pagar nuestras facturas pendientes. No existe obligación impagable ni plazo imperecedero. Entiende. Él está en deuda con la vida y la vida es exacta para cobrarse. Seas quien seas. Los seres humanos nos convertimos en imanes para lo bueno o lo malo, dependiendo de las decisiones que tomamos en el pasado. Y tu novio trae consigo un magnetismo de infortunio que lo alcanzará, y te afectará a ti.

No hubo poder humano que la convenciera a desistirse. Se fugó con su novio. Lo poco que he sabido de ella ha sido muy desagradable. El muchacho le enseñó a consumir drogas y poco después le fue infiel ¡con otro hombre! Era bisexual. La chica quedó embarazada y huyó, pero el sujeto la persiguió por varios meses. Hoy están desaparecidos. Parece una historia increíble, pero como esas hay muchas.

No podemos tomar este concepto a la ligera: Acéptalo. Tus actos te convierten en imán para la desdicha o la felicidad.

Conozco a personas que, mientras fueron negociantes honestos hicieron subir su capital como la espuma, pero de pronto, comenzaron a apostar en juegos de azar y a gastar el dinero ajeno. Con la excusa de querer ayudar a sus seres queridos se convirtieron en imanes de pobreza.

Sigue auditándote.

Desde el primer capítulo de este libro sabes qué tipo de crisis te aqueja. También tienes conciencia de quién eres y cuan poderosa puede ser tu imaginación.

Ahora acepta la responsabilidad que te corresponde en medio del infortunio.

Buena parte de tus crisis familiares, sociales, físicas, profesionales y económicas han sido propiciadas por ti.

Audita tu vida con honestidad.

Por eso...

TE DESAFÍO...

A dejar de pensar que acabas de leer una teoría fatalista y comenzar a creerla.

A invertir tu polaridad.

A convertirte en imán de ventura y progreso.

A vivir cada día cuidando el magnetismo que conlleva cada una de tus acciones.

A compensar el campo magnético negativo que tienes, realizando actos que generen eventos buenos en tu futuro.

A polarizarte de forma correcta para atraer beneficios a tu familia.

¿Y si a pesar de comportarte bien te siguen sucediendo cosas malas?

A todos los alumnos de la Facultad nos pareció incoherente la noticia.

¿El hijo del maestro Velásquez había fallecido? ¿Cómo? ¿Podía un hombre tan honesto, ya de por sí atormentado a niveles extremos por su padecimiento, sufrir una tragedia aún mayor? ¿No se supone que "a quien obra bien, bien le va"? ¿Cómo podía acaecer esa desgracia añadida a un hombre a quien por justicia ya debían llegarle beneficios? ¿En dónde fallaba la ley? ¿O es que el maestro era perverso en lo secreto y estaba recibiendo en público lo que bien tenía merecido?

Me costó mucho trabajo comprender la forma en que opera la ley del magnetismo cuando los cables se invierten, pero el descubrimiento me impresionó…

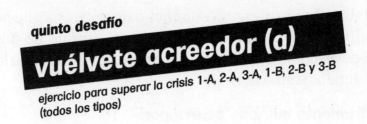

vuélvete acreedor (a)

ejercicio para superar la crisis 1-A, 2-A, 3-A, 1-B, 2-B y 3-B
(todos los tipos)

El chofer del auto en el que iba el hijo del maestro Velásquez le estorbó a otro coche. Estaba cayendo un aguacero casi cegador. Ambos conductores comenzaron a insultarse. Se amenazaron con palabras y peligrosas maniobras para después detenerse en una intersección. Se retaron a golpes. Bajaron de los autos en medio de la fuerte lluvia. El hijo del profesor contagiado de emociones mordaces que ni siquiera eran suyas, tomó un tubo de la cajuela y se fue contra los desconocidos dispuesto a golpearlos; quiso hacerse pasar por cinta negra cuando ni siquiera sabía bailar. Los jóvenes del otro auto estaban drogados. Le quitaron el tubo e hicieron una carnicería. Mataron a dos de los cuatro muchachos. El hijo del profesor fue uno de ellos. Lo golpearon en la cabeza con el tubo hasta que le hicieron reventar el cráneo.

En cuanto a los jóvenes que sobrevivieron a la masacre, uno ni siquiera se bajó del coche para pelear; el otro huyó.

Si reexploramos nuestro esquema inicial, sería útil preguntarnos: ¿La desgracia de aquel joven fue producto de personas abusivas, errores propios o adversidad natural? Por más que nos pese tenemos que aceptar una responsabilidad compartida entre las tres opciones.

1. Personas abusivas lo agredieron.
2. Se equivocó en el acto de aceptar una pelea.
3. La fuerte lluvia lo cegó y lo hizo resbalar varias veces mientras intentaba pelear.

Hablando claro, el procedimiento de auditoría que hemos usado no nos ayuda a comprender el porqué de algunas tragedias como aquella. Es necesario complementarlo con dos fundamentos más:

El sufrimiento humano ocurre por:

1. MERECIMIENTO.
2. FATALIDAD.

El primer caso es nítido; (la persona "atrajo magnéticamente" su castigo)[2].

Y aunque el segundo caso quizá te parezca confuso (la persona fue víctima inocente de un infortunio)[3], si lo analizas, también es claro.

Te lo voy a explicar volviendo al ejemplo del maestro.

Casi todos los alumnos de Auditoría Organizacional acudimos al sepelio.

Fue una experiencia conmovedora.

En la ceremonia religiosa, el profesor tomó la palabra. Como no podía subir los escalones del estrado, se colocó en el pasillo y habló sin micrófono. Su voz sonó fuerte como pocas veces. Todos nos dimos cuenta que estaba conteniendo el llanto a base de frases enérgicas.

—Mi hijo falleció sin razón. Fue asesinado. ¡No debió morir así! Tampoco sus padres ni sus hermanos merecíamos sufrir su pérdida. Mucho menos, de esta manera… ¡Aquí hubo una gran injusticia! Todos estamos muy indignados. La rabia y el coraje de impotencia casi me impiden respirar. Sin embargo, creemos en una justicia absoluta, que no dejará de castigar a los malvados, ni permitirá que ninguno de los inocentes quede sin ser compensado... Creo en las promesas que aparecen en este Libro —abrió un ejemplar de piel negra y comenzó a parafrasear con voz titilante—. Los que lloran, serán consolados; los que tienen hambre y sed de justicia, serán saciados, los de corazón limpio, verán a Dios en persona; los que sean perseguidos, insultados y calumniados, recibirán una gran recompensa[4].

Se detuvo por un tiempo largo. En el silencio sepulcral, se escucharon algunos gemidos y sollozos aislados. Al fin concluyó:

—Quienes estamos reunidos aquí, sufrimos una pérdida enorme. Pero no nos centremos en ella. Un poder restaurador perfecto tarde o temprano caerá sobre nosotros y sobre mi hijo, compensándonos por todo lo que nos fue quitado de forma injusta. Pensemos sólo en eso y aceptemos en paz lo que ocurrió...

Me quedé boquiabierto ante el discurso. Fue la primera vez que escuché la "ley de restauración perfecta".

Años después la comprendí mejor.

Yo era conferenciante invitado en un congreso de mujeres. Me hallaba en primera fila esperando mi turno para subir al escenario.

El padre Chinchachoma, un sacerdote que vivía ayudando a los niños de la calle, estaba terminando su conferencia; de pronto hizo algo fuera de lo normal. Bajó del escenario y jaló el monedero de una mujer. Ella trató de defender sus pertenencias, pero el sacerdote era más fuerte y le arrancó el bolso. Volvió a subir al estrado y guardó su botín debajo del podio.

Entonces, preguntó con arrojo:

—¿Ustedes creen que todas las personas del mundo tienen los mismos derechos?

Algunos en el auditorio contestaron tímidamente que sí.

—¿Y piensan que todas las personas en este salón tienen los mismos derechos?

La respuesta fue esta vez más unánime.

—Sí… Todos tenemos los mismos derechos.

El hombre levantó la voz al máximo y exclamó, enardecido:

—¡Pues no! ¡Claro que no! Están en un error. La señora a la que le acabo de quitar la bolsa tiene más derechos que todos ustedes. Tiene el derecho de que se le devuelva lo que se le quitó. Lo mismo ocurre a los niños que nacen enfermos o en situaciones críticas. La Creación está en deuda con ellos. Los seres humanos como tú y como yo también les debemos algo; esos niños merecen apoyo económico, consejos, amor y consuelo…

Así trabaja también el magnetismo de equilibrio.

Es como si un motor eléctrico lo conectamos al revés. Gira en sentido contrario con la misma fuerza. Hacia una dirección genera consecuencias por tus acciones, y hacia la otra produce restitución por lo que se te dio o quitó injustamente de forma adelantada. Al final siempre hay equilibrio.

Si has sufrido un trato injusto o has sido víctima del mal, has adquirido al instante el derecho inalienable de desagravio.

¿Un jefe prepotente te explota? ¿Un traidor te ha quitado tus bienes? No te amargues, ni te llenes de odio, porque todo lo que te fue robado te será restituido y todo lo que alguien te quitó le será quitado. Tarde o temprano. En esta existencia o en la venidera.

Niégate a "deber".

Imagina que hay un registro contable de cuanto le debes a la vida o de lo que la vida te debe a ti. Cada uno poseemos nuestro propio libro. El resultado final sólo puede arrojar dos opciones: O tienes saldo a favor (eres acreedor-a) o tienes saldo en contra (eres deudor-a).

Ser acreedor-a significa que has sembrado acciones generosas y honestas, o no has causado el mal a otros…

Ser deudor-a significa que has mentido, difamado, robado, lastimado injustamente a alguien, o has dejado de hacer lo correcto.

Voy a darte otro ejemplo de este mecanismo:

Mi padre tuvo un socio que lo defraudó.

Falsificó firmas y robó dinero. La tarde en que papá tuvo las pruebas en la mano se la pasó encerrado. Yo entré a su estudio. Estaba preocupado, hojeando las pólizas falsificadas y los documentos periciales.

—¿Qué vas a hacer? —le pregunté.

—No lo sé.

—¡Métalo a la cárcel! —le dije—. Embárgale su casa. Quítale sus carros. El tipo debe pudrirse en la prisión.

—Mi ex socio tiene una esposa inocente y tres niños. Ellos serán los principales afectados.

—La ley debe aplicarse o los pillos seguirán haciendo de las suyas.

—La ley se aplicará, Carlos. Puedes estar seguro.

—¿Cómo?

—Sustentaré las pruebas del fraude ante notario público y luego le mostraré a mi socio las evidencias. Le diré: "Me debes esta cantidad de dinero —la encerró con tinta roja sobre el papel que tenía en frente—. No quiero volver a verte hasta que regreses a pagarme. Si jamás lo haces, te pronostico que irás cuesta abajo y tu vida se arruinará por completo. Si me pagas, en cambio, atenuarás buena parte de las consecuencias malas que están a punto de sobrevenirte. Por mi parte, la vida me devolverá con creces lo que me quitaste. Yo soy acreedor y tú deudor. Sabes contabilidad; lo entenderás a la perfección.

El plan de mi padre me sonó demasiado idealista. No lo comprendí, pero fui testigo de cómo lo llevó a cabo.

Todo sucedió tal como me lo dijo. Jamás recuperó el dinero del fraude, pero de forma portentosa en los siguientes años ocurrieron eventos que nos devolvieron con creces el capital que perdimos. Por otro lado supimos que su socio cayó en la ruina física, emocional y financiera.

Entonces aprendí que nadie puede andar caminando con saldo rojo en sus registros...

Ahora comienza a corregir los tuyos...

Alguien me objetó un día:

—¿Estás diciendo que debo dejar que me golpeen, roben o violen con la confianza de que tarde o temprano el magnetismo de equilibrio hará que el agresor reciba su merecido y yo mi recompensa?

—¡Por supuesto que no! —respondí—. La conducta negligente es una semilla corrupta en sí misma. Una cosa es no sembrar el mal y otra muy distinta es volvernos apáticos y pasivos esperando que las leyes naturales nos rescaten de los problemas. ¡Ante la perversidad, defiéndete con todas tus fuerzas!, pero si puedes, evítala. Vacúnate. Prevé. Ten mente alerta.

Mi padre me dijo después que de alguna forma él también fue culpable por el fraude de su socio, ¡pues jamás estableció controles para protegerse!

Muchas veces recibimos ganchos al hígado porque andamos caminando distraídos, con la guardia baja.

En gran medida puedes escoger el tipo de acontecimientos que te sobrevendrán mañana.

Si tienes saldo a favor, dormirás plácidamente. Sabrás que estás en espera de cosas buenas. La vida tendrá reservadas para ti un cúmulo de circunstancias positivas e incluso las personas cercanas estarán agradecidas contigo y no tramarán hacerte daño alguno. Por el contrario, si tienes saldo en contra, vivirás con temor, necesitarás tomar medicamentos para el dolor de cabeza y la acidez estomacal. Tendrás insomnio… Pues en lo más profundo de tu ser, sabrás que la vida o la muerte te tendrán reservadas algunas desdichas y que, además, personas cercanas anhelan hacerte tropezar.

Haz que la vida te deba y que la gente te deba.

Un amigo abogado me dio una asesoría y después se negó a cobrarme.

—¡No es correcto! —le dije—, por favor, dime cuánto te debo.

—Valoro mucho nuestra amistad —contestó—. No intento comprarla ni pagarla, sólo quiero regalarte algo como muestra de mi aprecio.

Me puso en una situación incómoda. Se convirtió en mi acreedor y yo en su deudor. Él era así. Financiaba fundaciones de ayuda social y estaba a punto de erigir un orfanato. Todo el mundo le debía algo.

El día de su cumpleaños le di un regalo muy caro. No lo podía creer.

—Tú me obsequiaste algo de forma desinteresada y ahora yo hago lo mismo para ti. Así te demuestro mi afecto también.

Parece una historia bonita, pero no termina ahí.

Con el tiempo, el estilo de mi amigo dio un giro radical.

—¿Qué te parece este libro? —me preguntó lleno de entusiasmo mientras sostenía uno de los *best sellers* norteamericanos sobre cómo hacerse rico.

—Es bueno —contesté—, yo admiro y respeto al autor, pero entiende esto: las recetas "gringas" no nos funcionan a nosotros *por completo*. Aquí tenemos distintos ingredientes. Nuestras circunstancias son otras.

Mi amigo ignoró el comentario. Aprendió de la perspectiva americanizada del dinero y se hizo frío en los negocios. Entonces cayó en otro extremo: subió sus precios, cobró por hora y tasó hasta sus asesorías informales. Cambió tanto que después de charlar conmigo en un café, me envió su factura con precios exorbitantes... Días después lo requerí de nuevo y le pregunté sus costos con anticipación. Eran altos y no negociables. Así que contraté a otro abogado. Mi amigo dejó de ayudar a los grupos filántropos y canceló el proyecto del orfanato. Se negó a seguir siendo acreedor con la vida y con las personas. Al paso de los años se quedó sin clientes ni amigos.

No estoy sugiriéndote que debas regalar tu trabajo o te avergüences en recibir cuanto te corresponde por justicia. Todos merecemos ganar dinero laborando de forma honrada. Mi amigo también. El problema fue que él asumió dos actitudes exageradas. Hizo mal al no querer cobrarme e hizo peor al cobrarme demasiado. El ejemplo nos muestra los eventos "naturales" que le ocurren a los acreedores y a los deudores *de la vida*.

Ser "interesado" no es malo.

En este trabajo me he propuesto ofrecerte algo *distinto*, lo más valioso de muchos años de estudio y reflexiones; el mejor y más importante libro que pueda brindarte. ¿Para qué? Muy simple: Quiero convertirme en tu acreedor.

Sé que el mundo, susceptible de ser transformado positivamente por personas como tú, es el mismo en el que vivo y es el que heredarán mis hijos. Ellos recibirán la recompensa. También sé que si lees con atención y aplicas los conceptos de este trabajo superarás tus crisis y lograrás avances en tu economía; a cambio, quizá recomiendes el libro o compres ejemplares para obsequio.

Escribo sin perder de vista esos dos objetivos.

¿Te parezco interesado? Sin caer en los extremos de mi amigo, confieso que lo soy. Espero que tú también lo seas. Sólo así generarás recompensas justas para ti y tus seres queridos.

Por eso…

TE DESAFÍO…

A propiciar que el entorno y la gente te deban a ti, y no tú a ellos…

A no repetir las conductas destructivas de tus padres o amigos, tomando decisiones distintas que reviertan la polaridad de los eventos por venir.

A convertirte en una persona "acreedora universal".

¡A rebelarte contra el destino y forjar el tuyo de forma inteligente!

Hace poco uno de mis viejos colegas de la secundaria me interceptó saliendo del teatro en el que impartí una conferencia.

—Oí tu teoría respecto a la importancia de convertirnos en acreedores —dijo—, por eso me pareció extraño que se cobrara el boleto de entrada para tu charla. ¡Acorde a tu filosofía, deberías difundir mensajes de valores de forma gratuita!

—Espera. No tan de prisa. Yo he escuchado a oradores que mejoraron mi vida. Gracias a ellos soy otra persona. Si me hubieran cobrado lo justo por cuanto hicieron conmigo, me hubiera sido imposible reunir tanto dinero. Lo que se colecta en una conferencia o en un libro son sólo costos mínimos para cubrir gastos y pagar una parte del trabajo a los involucrados.

—Sí, sí, pero ¿dónde queda el altruismo? Yo me he acostumbrado a vivir con poco —sonrió mostrándome una dentadura incompleta—, veo que tú no. ¡El dinero en exceso corrompe!

—¿Hablas en serio?

—¡Sí! Los millonarios no deberían existir. O heredaron sus fortunas o hicieron negocios sucios. Yo prefiero ser pobre honrado, que rico encerrado en una jaula de oro cuidándome hasta de mis propios hijos.

—No comparto tus ideas. Creo que la pobreza es una etapa crítica por la que muchos necesitamos pasar para forjar nuestro carácter. ¡Pero nadie debe aceptarla con resignación! Es indigna de cualquier ser humano.

—¿De veras? ¿Y qué me dices de la Madre Teresa o San Francisco de Asís? El mismo Jesucristo no tenía donde recostar su cabeza, ¡y amó sólo a los pobres! Me extraña de ti, Carlos. Pareces cegado por la ambición y no puedes ver la verdad. ¡Los pobres son bienaventurados! Eso dice la Biblia. ¿O acaso te volviste ateo?

—Si la pobreza fuera buena —respondí—, los seres humanos la buscaríamos, amaríamos, fomentaríamos. ¡Nadie hace eso! Todos trabajamos para tener más dinero.

—¡Y así perdemos nuestra espiritualidad!

La discusión que tuvimos no llegó a ningún lado, pero ya en casa le escribí una carta. Tardé toda la noche haciéndola.

A continuación te comparto las ideas principales.

¿De dónde salió la creencia popular de que los millonarios son infelices, solitarios, deprimidos, avaros, condenados a la perdición e incluso al infierno?

¿Quién te metió en la cabeza que ser rico es moralmente cuestionable y que, por otro lado, la pobreza es una virtud?

¿Lo dicen políticos de tendencias comunistas?

Mentira.

Date cuenta que ellos usan el engaño masivo sólo para entronarse indefinidamente en el poder.

Quizá para los Franciscanos, y para algunas otras respetables órdenes religiosas, que han abrazado el voto de la escasez como fundamento de su espiritualidad, la pobreza sea lo mejor; mas para gente común como nosotros, decir que carecer de recursos es "positivo" equivale a ponernos una cadena de perdición.

¿En la iglesia te enseñaron que la pobreza es buena?

¿Es parte de nuestra cultura religiosa? ¿Lo afirmó Jesucristo?

¡Eso es mentira también!

Vamos a desenredar esta madeja de una vez. La Biblia dice muy claro que el *amor* al dinero trastoca las prioridades y los sentimientos[5], y quien *ama* el dinero, deja de amar a su familia, a su prójimo y a Dios[6]. En este tenor, la perversidad *no* está en el dinero sino en la "adoración" al dinero.

Hay que analizar el contexto cuando Jesús mencionó: "es más fácil que entre un camello por el ojo de una aguja a que entre un rico en el reino de los cielos"[7]: Él le estaba hablando a gente enamorada del dinero, a gente que por dinero se había olvidado de cuidar su calidad humana y espiritual. Lo mismo ocurrió cuando recomendó donar sus posesiones a un joven rico. El muchacho, aun siendo religioso, amaba su dinero por sobre todas las cosas.

Jesús amó a los ricos y a los pobres. Él veía más allá de las apariencias, sabía cómo hablarle a cada persona en particular, hizo hincapié en que Dios conoce el corazón de la gente y no soporta que el dinero sea su dios[8], pero también dijo que él se hizo pobre para que nosotros fuéramos ricos[9] y afirmó que los pobres eran bienaventurados porque a través de él dejaban de serlo[10]. Jesús habló de que debemos edificar una torre de planeación económica[11]. Once de las treinta y nueve parábolas que contó tienen que ver con la administración financiera[12]. La Biblia en general dice que eres pobre por pereza y que te irá bien[13] cuando ganes dinero honesto mediante tu trabajo[14].

Así que déjate de mojigaterías y renuncia a la pobreza.

Jorge A. Ovando[15], publica un artículo de Wilma Dykeman traducido por Febe de Mackey, que vale la pena leer con cuidado:

La pobreza es **un sonido**. Es el sonido de un llanto perpetuo; de un chico llorando, de una madre sufriendo, de un hombre quejándose. El sonido de una tos continua. Conflicto y desintegración.

La pobreza es **una visión**. La visión de hombros cansados y manos buscando en bolsillos vacíos. La escena de una tierra llena de basura. La visión de caras marcadas por años de necesidad y carencia de esperanza. La visión de ropas gastadas, demasiado grandes o demasiado chicas para el cuerpo de quien las usa.

La pobreza es **un olor**. El olor a cocina con grasa usada y vuelta a usar, que satura las ropas y el cabello; es el olor a camas colmadas de personas desnutridas; de sábanas con olor a enfermedad. Olor de bochorno en el verano y frío en el invierno. Un olor a veces nauseabundo.

La pobreza es **una sensación** a través de los poros y los pies. Un frío intenso que quema o un calor tan desesperante que congela con la transpiración. La pobreza duele.

La pobreza es **un sabor**. El gusto de saliva en la boca hambrienta. El sabor de comida rancia, el sabor de alcohol que hace pasar momentáneamente la pena, pero que no alivia el hambre.

La pobreza se percibe también en la mente.

No es sólo el hambre de hoy, sino el miedo de mañana. No sólo el frío del presente, sino la posibilidad de congelarse en el futuro. No es sólo sentirse mal un día, sino la acumulación de dolencias. Es miedo, pero un miedo que paraliza y a veces conduce a la corrupción.

Viéndolo así, la pobreza no es ninguna virtud.

Nadie debe ser pobre. Nadie merece serlo…

Todos necesitamos dinero.

Hace tiempo me contaron este chiste:

Un hombre llegó a su casa cansado de trabajar. Después de que su esposa le dio la bienvenida, abrió los brazos para pedirle a su pequeña de dos años de edad que corriera hacia él, pero la niña no se movió de su sitio.

—¡A ver! —dijo el hombre—, ¿no vas a abrazar a papá?
Ella negó con la cabeza.

—¿Cómo? —insistió—, yo me la paso trabajando muy duro todo el día *para traer dinero a la casa* ¿y mi hijita no me quiere saludar? A ver. Ven acá. ¿Dónde está ese abrazo?

Y la niña contestó:

—¿A ver, dónde está el dinero?

El cuento me vino a la mente al pensar que hasta los niños captan algo fundamental: El dinero es como el aire. No vivimos para tenerlo, pero necesitamos tenerlo para vivir. Además de comodidades, nos brinda seguridad.

¡Cuántos casos hemos visto en televisión de niños accidentados, gente quemada, personas con necesidades de atención especial, todos sumidos en dolor y limitaciones *por falta de dinero*!

Los sanatorios del gobierno tienen listas de espera para cirugías de alto riesgo, de varios años; muchas personas hoy viven en condiciones críticas al no poder financiar sus tratamientos.

¿Preferirías llegar a tus años dorados con una buena suma en el banco o sin ella? ¡Incluso para hacer el bien es mejor ser rico que pobre! Un sacerdote decía que el dinero es como el estiércol: No debemos meterlo debajo del colchón y contemplarlo por las noches, pero en cambio lo necesitamos para arrojarlo sobre la tierra de cultivo y así obtener fruto abundante.

Grábatelo de una buena vez y para siempre:

La riqueza económica es *moralmente correcta*.

Aunque no todos los métodos para obtenerla lo son.

Con el estudio de los desafíos anteriores quedó claro (espero) que cualquier acto de deshonestidad, robo o engaño para lograr dividendos, tarde o temprano te llevará a la ruina.

Recuerda la definición de prosperidad:

El bienestar material y emocional, producido por la consecución de proyectos nobles.

Si no existe el requisito de la *nobleza* en los proyectos, es imposible tener verdadera prosperidad.

Nobleza es lo relativo a honroso, estimable; contrapuesto a deshonrado y vil.

Los ladrones o secuestradores no cumplen con este requisito, por lo tanto están condenados a sufrir la destrucción más terrible; tienen un enorme imán que, en su momento, les traerá tragedias a ellos y a sus familiares.

Se sabe de un hombre millonario, dueño de aviones, barcos y mansiones, que huyó por la jungla para no ser capturado; había hecho negocios ilícitos durante toda su vida. Como la persecución duró varios días, su ropa se desgarró, y quedó sin comida; murió en condiciones deplorables; a pesar de tener mucho dinero, jamás lo disfrutó de verdad -no logró bienestar material-, ni tuvo bienestar emocional.

Debes buscar el crecimiento económico, pero no a toda costa. Sería muy tonto que te enriquecieras adquiriendo, a cambio, una polaridad magnética de la que puedas arrepentirte.

Los negocios ilícitos son una ruta que termina en desgracias.

Esa vía está clausurada para ti y para mí.

Así que sólo nos queda un camino: **el del trabajo honrado**.

Y aquí surge una pregunta evidente:

¿Trabajando *mucho* nos volveremos ricos?

Temo decirte que no. Si así fuera, las hormigas serían dueñas del planeta.

Trabajar en exceso, no necesariamente te hará ganar más dinero.

Cuando yo era niño, mi padre laboró arduamente como gerente de mantenimiento en una empresa. Llegaba agotado a la casa, con los hombros caídos y el rostro enjuto. A veces cubría turnos de 24 horas. Ganaba bien, pero no lo suficiente. Las deudas estaban asfixiándonos. Había neurosis familiar, discusiones y crisis... A pesar de que papá era honesto y luchador incansable (como las hormigas), estuvo a punto de perder su salud mental. Justo a tiempo se dio cuenta de que trabajar mucho no nos sacaría del hoyo.

Entonces hizo algunos cambios radicales. ¿Fáciles? ¡Nunca! Nos costaron sudor y sangre, (más adelante te diré lo que hizo), pero después de unos meses logramos solvencia económica, casa propia, coches nuevos, viajes y, sobre todo, paz.

Mi papá se negó a seguir siendo un burro de carga. Pensó con estrategia y nos trazó un plan acción concreto.

De eso se trata todo esto. De no trabajar "demasiado" sino de hacerlo con más inteligencia.

Podemos aprender a generar riqueza.

Escuché cómo un hombre pobre le pidió dinero a otro, rico.

—Necesito un préstamo, urgente.

—¿Por qué no tomas de tus ahorros?

—No tengo, mi cuenta bancaria está en ceros, mis tarjetas de crédito al tope, mi carro empeñado y la casa hipotecada.

—Pero ostentas un nivel alto de vida y gastas en lujos.

—Sí, lo sé... he tenido ingresos constantes y confié en que siempre sería así... Tú sabes lo difíciles que se han puesto las cosas ahora.

—¿Y por qué no le pides prestado a tu familia?

—Mis hermanos están peor que yo. Ninguno cuenta con ahorros o casa propia. El agua les ha llegado al cuello. Quizá es una especie de maldición familiar.

—Quizá así es, pero dime. ¿Cómo se manejaba el dinero en tu casa cuando eras niño?

—Bueno, mi padre vivía al día, rentando y pagando deudas. Si ganaba mucho despilfarraba, si ganaba poco, pedía prestado y seguía gastando. Eso era lo normal. Lo vi siempre.

El hombre rico movió la cabeza y dijo:

—Para lograr riqueza debes seguir ciertas leyes.

"En la escuela *no* te las enseñaron. Ahí aprendiste a aprobar exámenes, memorizar, simpatizar con gente, participar en concursos y comportarte bien. Nada de eso te ha servido para generar ingresos en la vida adulta. Por otro lado, viste a tus padres manejar la economía en casa. Ellos fueron tus primeros y más importantes maestros de finanzas. Te mostraron, respecto al dinero, como ahorrarlo, gastarlo, pedirlo, pagarlo, apostarlo, ostentarlo, robarlo, producirlo, amarlo u odiarlo. Asimilaste el uso del dinero por imitación. Tu problema, mi amigo, no es económico. Es mental. Necesitas modificar tu conducta respecto al dinero y reaprender a manejarlo. Yo puedo enseñarte algo de eso.

—¿Significa —dedujo el hombre pobre—, que no me prestarás?

—Acertaste, pero...

—Gracias. Púdrete. Todos los ricos son iguales.

Escuché el diálogo en una reunión social y no pude dejar de sentir cierta pena por el hombre necesitado. ¿De qué le hubiera servido recibir un préstamo? Si aprendiera las fórmulas que hicieron millonario al otro sujeto, tendría un verdadero tesoro.

La pobreza se gesta en la cabeza, pero también se destruye ahí.

Así que…

Te desafío...

A que decidas vivir dignamente, disfrutando de la abundancia.

A no volver a aceptar ideas de medianía económica.

A transitar sólo el camino de los tratos limpios y el trabajo honesto para generar riqueza.

A no laborar como un insecto sin cerebro.

A usar más la cabeza que las manos, trabajando con inteligencia.

A hacer buenos negocios.

A volverte estratega del dinero.

Un ciego no puede atravesar solo la avenida. Un analfabeta no puede escribir libros. Un mudo no puede cantar ópera. Un manco no puede aplaudir. Un hombre no puede embarazarse.

Todos tal vez deseen hacerlo; algunos incluso quizá sepan cómo se hace, pero están limitados por lo que ellos *son*.

El conocimiento teórico no propicia realizaciones.

Eso ocurre también en el área económica.

Si tienes una Personalidad Financiera® débil, jamás lograrás generar riquezas.

El dinero que has logrado acumular es gracias a lo que *eres*.

Quieras o no, has heredado un estilo para manejar el dinero. Lo traes contigo desde la niñez. La mala noticia es que forma parte de ti. La buena es que puedes cambiarlo. Pero, necesitarás dedicarte a ello con tesón.

Tendrás dos obstáculos: En primer lugar, las leyes económicas son complejas de descubrir. Deberás aguzar tus sentidos en los próximos capítulos. En segundo lugar, son difíciles de aplicar. Requerirás disciplina.

Tú puedes ganar más dinero. Te lo aseguro.

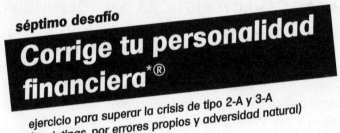

séptimo desafío

Corrige tu personalidad financiera*®

ejercicio para superar la crisis de tipo 2-A y 3-A
(paulatinas, por errores propios y adversidad natural)

La riqueza se logra:

1. Aumentando los ingresos.
2. Disminuyendo los gastos.

Es aritmética simple.

Analiza tus vertientes de comportamiento en estas dos áreas y ubica tu carácter:

Perfil de Ingresos®

¿Eres de las personas que atraen el dinero? ¿En qué medida? ¿En qué forma? ¿En qué tiempo?

La siguiente línea representa los extremos respecto a la generación de ingresos.

DEFENSIVO 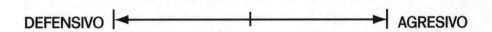 **AGRESIVO**

*® Las descripciones de los perfiles que conforman las personalidades financieras NO son del dominio público ni se basan en libros de otros escritores (a excepción de las ideas que se señalen de forma explícita). Han sido creadas por el autor de Te Desafío y tienen un registro específico con reserva de derechos.

LAS 10 CARACTERÍSTICAS DEL "DEFENSIVO"

1. Es prototipo de trabajador estable.
2. Como empleado, suele durar años en la misma empresa. Como empresario independiente conserva el mismo local, los mismos clientes y la misma rutina de forma indefinida.
3. Busca un sistema fijo de ingresos, que le dé para vivir.
4. Detesta que lo llamen "ambicioso" o "interesado".
5. Está acostumbrado a su rutina.
6. Cada año gana igual, más o menos.
7. Se siente incómodo cobrando; le desagrada pedir aumentos o exigir prestaciones.
8. No sabe vender productos ni vender su trabajo. Prefiere demostrar calidad con resultados.
9. El tiempo se le escapa. Pasa meses y años sin hacer cambios.
10. Suele decir: "El dinero no lo es todo". "Si los ricos repartieran sus millones, se acabaría el hambre en el mundo". "Ser rico no es mi meta en la vida".

LAS 10 CARACTERÍSTICAS DEL "AGRESIVO"

1. Es ambicioso.
2. Sabe vender y venderse.
3. Convence a los demás de que le paguen más, produciendo riquezas para otros y pidiendo su parte.
4. Causa problemas porque siempre está proponiendo cambios e innovaciones.
5. Considera que el tiempo es oro y lo aprovecha al máximo para generar utilidades con rapidez.
6. Cobra lo que le corresponde sin sentir vergüenza.
7. Sabe que su trabajo es un costo y sus ingresos un beneficio. Procura disminuir su costo (trabajo) y aumentar sus beneficios (ingresos).
8. Gana (consciente o no), por lo menos lo doble de la tasa de inflación cada año[16].
9. No se conforma con lo que tiene.
10. Suele decir: "El dinero es libertad", "estoy decidido a tener más para viajar, fortalecer mi vida privada e incluso ayudar a otros".

¿Leíste con cuidado las definiciones de los cuadros?

Es posible que tengas un poco de ambos, pero ¿a cuál te pareces más?

Califícate poniendo un punto a cada característica que coincida contigo. Obtendrás dos resultados: A $^{(defensivo)}$ y B $^{(agresivo)}$. A continuación suma ambas cifras A+B y obtendrás C. Por último divide A/C y multiplica el resultado por 100; así habrás obtenido tu porcentaje de carácter defensivo; haz B/C X 100, para obtener tu porcentaje de carácter agresivo.

¿Hacemos un ejemplo?

Supongamos que detectaste 7 puntos coincidentes del primer cuadro, y en el segundo 4.

7+4=11   7/11 X 100 = 63.63   4/11 X 100 =36.37

En este caso (redondeando) tendrías una personalidad 64% defensiva y 36% agresiva.

Si tu perfil fuera 80% defensivo y 20% agresivo lo dibujarías así:

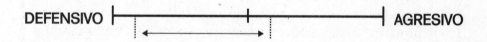

Si resultas 20% defensivo y 80% agresivo; entonces trazarías:

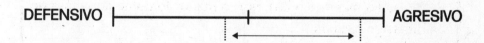

Deshazte de la pereza, saca la calculadora y traza tu propio perfil:

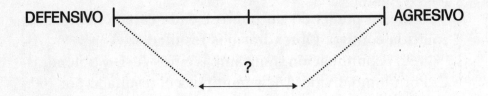

DEFENSIVO |————————————|————————————| AGRESIVO

?

Ahora vayamos con el otro aspecto de tu personalidad financiera. ¿Cómo y cuánto gastas?

Perfil de Egresos®

La siguiente línea representa los extremos de conducta respecto al hábito de "soltar" el dinero que tienes. Con toda honestidad ¿hacia cuál de los dos extremos te inclinas?

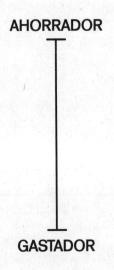

AHORRADOR

GASTADOR

LAS 10 CARACTERÍSTICAS DEL "AHORRADOR"

1. Es nervioso.
2. Le preocupa no tener recursos en el futuro.
3. Ahorra mucho. No siempre sabe para qué.
4. No paga sueldos altos ni compra cosas caras. Busca gangas.
5. Casi siempre regatea los precios.
6. Si no recibe descuentos, a veces se molesta y cancela la compra.
7. Tiene la regla de gastar únicamente un porcentaje de lo que guarda. Sólo muestra "la punta" de su riqueza. Si gasta el dinero en lujos es porque posee mucho más en el banco.
8. Detesta endeudarse, rentar y comprar a crédito.
9. Invierte en seguros de vida y bienes inmuebles, pero sólo después de analizar muy bien las opciones.
10. Suele decir: "Hay que guardar una parte; nunca se sabe". "Es tiempo de sembrar, no de cosechar". "Puedes pedir el platillo que quieras, pero te lo terminas". "Sólo doy propinas si el mesero se las gana". "No podemos darnos ese lujo ahora". "Debemos invertir a largo plazo".

LAS 10 CARACTERÍSTICAS DEL "GASTADOR"

1. Si tiene dinero lo gasta. Si no tiene, consigue prestado.
2. Le gusta vivir bien. Con frecuencia lo hace en una casa cómoda, envía a sus hijos a escuelas privadas y pertenece a clubes.
3. Si se le antoja algo, lo compra.
4. Usa las tarjetas de crédito en exceso.
5. Prefiere productos de marca.
6. Se siente orgulloso de ser visto en lugares finos.
7. Llega a mostrar al mundo todo lo que tiene e incluso presumir lo que debe.
8. No cuenta con un respaldo económico para emergencias.
9. En épocas de crisis busca financiamiento, hipoteca sus bienes y se niega a bajar su nivel de vida, esperanzado en que pronto ganará lo suficiente para pagar sus deudas.
10. Suele decir "¿Por qué no darnos ese lujo? Lo merecemos". "No nos vamos a llevar el dinero a la tumba". "Sólo se vive una vez". "Lo comido y lo bailado nadie nos lo quita."

Después de cuantificarlo con la fórmula que ya conoces, identifica cuál es con exactitud tu perfil de egresos.

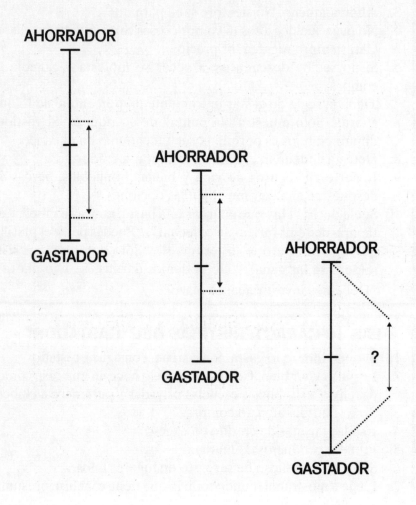

Ha llegado el momento de juntar las piezas y ver el rompecabezas completo.

Unamos las dos líneas de tendencia para descubrir las cuatro Personalidades Financieras® que existen

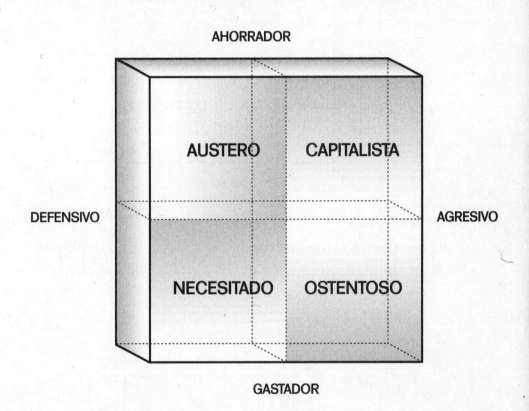

En el área sombreada a continuación aparece el ejemplo de una personalidad que tiende a ser capitalista. Surgió de los perfiles 80% agresivo y 80% ahorrador.

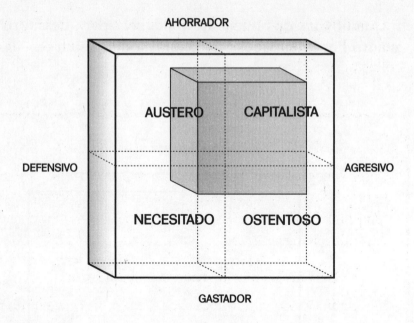

Ahora traza con un área sombreada cuál es la tendencia de tu personalidad, en función de los perfiles que definiste.

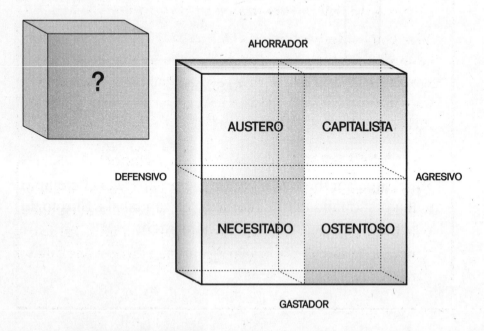

Aquí tienes una breve definición de las cuatro Personalidades Financieras®. Si me has seguido, ya sabes a cuál de ellas perteneces.

CAPITALISTA (agresivo — ahorrador)

Posee **una gran riqueza** (medida en más de 10 años) y puede heredarla a sus descendientes. Sabe hacer negocios; tarde o temprano consigue que otros trabajen para él, y que su dinero le produzca más dinero.

OSTENTOSO (agresivo — gastador)

Es recibido con agrado en todos lados porque **gana bien y gasta mucho**. Tiene "suerte" para los negocios. Aunque sabe cobrar y da excelentes propinas no cuenta con riqueza real. Sólo guarda el dinero indispensable para gastarlo en viajes próximos, coches o productos que desea a corto plazo.

AUSTERO (defensivo — ahorrador)

Vive con modestia y trabaja en exceso. Escatima aún en las cosas necesarias en aras de tener un "guardadito". Como no produce suficiente dinero, se la pasa preocupado, no se permite lujos y compensa su angustia trabajando más. Suele quejarse de la crisis, los políticos, los ricos y la corrupción.

NECESITADO (defensivo — gastador)

Vive endeudado hasta el cuello. Todos los negocios le salen mal. No gana suficiente. Depende de las tarjetas de crédito y de los préstamos. Tapa un hoyo destapando otro. Tarde o temprano termina en bancarrota convirtiéndose en una carga para sus amigos y familiares.

En materia de personalidades financieras sólo hay una buena y deseable. La fuerte.

Por fortuna, sin importar de donde partamos es posible ir hacia ella.

Personalidad **fuerte**:	CAPITALISTA
Personalidades **medianas**:	OSTENTOSO Y AUSTERO
Personalidad **débil**:	NECESITADO

¿Llegaste a la conclusión de que eres capitalista?

Descuida, es un proceso de autoengaño muy general. Muchos pensamos eso en un primer arranque, pero tal vez necesites hacer una reconsideración.

El capitalista posee **RIQUEZA** (medida en más de diez años) y puede heredarla a sus descendientes.

La "riqueza" no se mide en dinero sino en tiempo.

Este es un concepto de Robert Kiyosaki.

Cuantifica el número de meses que puedes sobrevivir sin trabajar, manteniendo el mismo nivel de vida que llevas y *esa es tu riqueza*.

Por ejemplo, si tus gastos mensuales (y de tu familia) son de 10 mil (pesos, dólares o lo que sea) y tienes un ahorro efectivo de 50 mil, entonces tu riqueza es de 5 meses.

Así de simple.

Para decir qué tan rico eres, habla en términos de "tiempo":

"Tengo una riqueza de 8 meses". O "mi riqueza es de 4 años".

Haz el ejercicio. No tomes en cuenta el valor de tus muebles, casa o coches. Lo que *usas* para vivir, como lo haces, no forma parte de tu "riqueza", porque si lo vendieras bajarías tu nivel de vida.

Ahora escucha:

Según esa definición, la persona realmente capitalista tiene una riqueza de 10 años o más.

No estoy diciendo que tú no puedas tener una personalidad capitalista de verdad. Quizá estás leyendo este libro en tu yate en medio del Mar Caribe, o quizá te encuentras junto a la ventana de tu *penthouse,* mientras tus inversiones y empleados trabajan para ti. Pero seamos claros. Si no tienes una riqueza mayor a 10 años, no eres capitalista.

Quizá en el pasado lo fuiste y hace tiempo cambiaste hacia una personalidad mediocre o débil.

Y es que el *capitalista*, después de una buena racha, suele dejar de producir y comenzar a gastar dinero de manera ostentosa modificando su perfil. De igual modo el "necesitado" puede convertirse en "austero" u "ostentoso".

En ese contexto, los ejemplos que di sobre el mudo que no puede cantar ópera, el manco que no puede aplaudir, o el hombre que no puede embarazarse, en realidad son imprecisos para describir la personalidad financiera. Aquellos, por más que se esfuercen, serán incapaces de dejar de ser lo que son, pero cualquiera es capaz de cambiar su personalidad financiera si cumple ciertos requisitos.

Es como ir a un gimnasio.

Para ponerte en forma hay que seguir un programa con disciplina. Lo mismo en sentido inverso. Por eso…

TE DESAFÍO...

A decidir corregir tu personalidad financiera

A trazarte la meta de convertirte en una persona capitalista:

100% agresiva y 100% ahorradora.

Para enfrentar de verdad el desafío ¿estarías en disposición de trabajar duro?

De antemano te advierto que algunos ejercicios de los siguientes capítulos te parecerán obvios (aunque nunca los hayas hecho), y otros te parecerán muy difíciles de llevar a cabo.

Este libro es un reto a tu disciplina (y no digas que tienes pereza), pero sobre todo a tu valor para hacer cambios (y no me salgas a estas alturas con que quieres quedarte igual).

Prepárate para actuar.

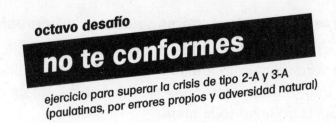

Los hispanos que llegan a Estados Unidos son el prototipo de personas "financieramente agresivas".

Los admiro porque se necesita mucho valor para dejar, en su país de origen, casa, familia, idioma y cultura, arriesgando todo, incluso la vida, por superarse.

Sin embargo, muchos inmigrantes a ese país, cuando consiguen una casita mejor a la que tenían; carro, muebles, aparatos eléctricos y acceso a un hermoso parque con servicios gratuitos en la esquina, se *conforman,* caen en una rutina de trabajo, gastan cada dólar que ganan, y pierden la agresividad que los impulsó en el pasado.

De forma analógica, tal vez te ha pasado lo mismo.

Conformarse es muestra de poca agresividad financiera.

Mira la desorganización que te rodea. Tus cds, dvds, libros, revistas, ropa, zapatos, ¡todo está revuelto! ¿Aunque lo arregles acaba desordenado otra vez? Quizá es porque tus cosas no caben en donde vives. ¡Necesitas **más espacio**! Te hace falta un cuarto grande de juguetes, una buena bodega, una biblioteca decente. Estás acostumbrándote a esa cama que rechina, a esa cocina cochambrosa, a ese escusado antiguo, a la tele de baja definición, a la alfombra sucia y a los viejos cuadros que cuelgan de las paredes. Tus ínfulas de aristócrata te impiden aceptar que te has vuelto conformista.

¡Esfuérzate por ser una persona de verdad *agresiva*!

Si tienes cónyuge o hijos, anhela ganar más dinero para darle verdadera comodidad económica a tu familia.

En uno de mis seminarios para hombres, un catedrático universitario levantó la mano.

—Soy papá de tres hijos —aclaró—, y no pienso que debería llenarlos de lujos o dejarles un gran capital. Yo les doy *educación* —enfatizó la palabra con cierto aire de intelectualidad—, los educo —repitió—, para que ellos aprendan a ganar su propio dinero. Eso es lo que importa.

—¿Y si usted muere hoy? —le pregunté—, ¿tiene absoluta seguridad de que ellos podrán terminar sus estudios viviendo con dignidad?

—Bueno —carraspeó—, mi esposa los ayudaría a lograr eso.

—¿En qué trabaja ella?

—Es ama de casa.

—¿Y si queda viuda contará con un sustento sólido? ¿Al menos tiene usted seguro de vida?

El catedrático se encogió de hombros.

—Si yo fallezco, mi esposa podrá trabajar *en algo*. No es tonta ni necesita una gran herencia. Las viudas ricas son perseguidas por hombres aprovechados.

Cuando escuché esa declaración sentí que salía humo por mis orejas. En mis charlas suelo ser muy categórico, pero pocas veces me enfado. Esa ocasión ocurrió.

—Seguro su esposa es muy inteligente, quizá más que usted, y puede ganarse el sustento sin problema. Hay muchas mujeres empresarias o ejecutivas que producen gran cantidad de dinero e incluso mantienen a sus maridos, pero los hombres *deberíamos* ser proveedores de nuestros hogares. Con todo respeto, ¿quiere aplausos por brindarle educación a sus hijos? ¡Es lo menos que debe hacer!, sin embargo, le guste o no, ¡también está obligado a proteger a su mujer y dejarle un patrimonio económico! Nuestras esposas son parte de nosotros. Nos entregaron su vida para formar, juntos, una familia. Debemos cuidarlas y sustentarlas aún después de muertos. ¿Dice que las viudas millonarias corren peligro de ser buscadas por hombres abusivos? Piense. Tal vez sea al revés. El dinero les da protección y libertad. Perdone lo que voy a decirle, pero es filosofía pragmática: ¡Asegúrese de que su esposa cuente con un patrimonio importante cuando usted muera, para que si llega a acostarse con otro hombre lo haga por amor y nunca por necesidad!

—Está sugiriendo… —se interrumpió.

—No me malentienda. Sin duda ella es honesta, pero muchas viudas o divorciadas acaban *enamorándose* de cualquier hombre que les da mayor apoyo económico sin poner atención en otros aspectos de importancia. Yo viajo mucho. A veces en los restaurantes de aeropuertos veo a meseras que han laborado durante toda la noche. Señoras jóvenes que sin duda estuvieron casadas alguna vez. Cuando veo a alguna de ellas, exhausta, sirviéndome café, no puedo dejar de pensar: "esta hermosa dama requiere trabajar en horarios y condiciones terribles porque el hombre a quien le entregó su corazón, la abandonó o la dejó viuda sin dinero". Así que, señor, pare de hacerse el valentón e *inconfórmese* con su mediocre realidad económica; comience a ser más agresivo financieramente, porque no me gustaría ver jamás a su esposa en un aeropuerto sirviéndome café a las cuatro de la mañana…

Ahora te lo digo a ti. ¡Voltea a tu alrededor y piensa cómo innovar!

Sométete a la descripción de una persona agresiva, ampliando tus expectativas y elevando tus objetivos.

Tal vez sea momento de mudarte de empresa, cerrar la que emprendiste, abrir otra, cambiarte de ciudad, despedir a algunas personas apáticas…

¡Ha llegado tu tiempo de agresividad financiera!

¡Basta de tibieza!

Te lo repito: ¡Inconfórmate con lo que tienes y con lo que eres! Pero no saques la frase de contexto.

"Inconformarte" *no* quiere decir desfilar sin ropa por las avenidas con letreros de protesta en el trasero; tampoco significa retar a tu jefe, armar mítines u organizar huelgas. Entiéndelo bien: ¡Inconformarte es mirarte al espejo financiero, detectar tu flacidez, decidir no vivir más de las glorias pasadas y volver al gimnasio!

Estírate más.

Cuando fui maestro de secundaria aplicaba una dinámica con mis alumnos: solicitaba a uno de baja estatura que pasara al pizarrón y pintara una raya lo más alto que pudiera. El jovencito se ponía de puntitas, estiraba un brazo y lo hacía. Luego le pedía que se esforzara y dibujara otra línea más arriba aún. Lo lograba. Me burlaba un poco de su precario esfuerzo y le solicitaba que lo hiciera mejor. Se estiraba más, tomaba la tiza en el borde y lo hacía. Le hablaba de lo poco que nos exigimos y de nuestros límites mentales, entonces lo instaba a pintar otra raya más alto. ¡Y lo hacía de nuevo! Al final del ejercicio, terminaba saltando, gritando, rompiendo todas las reglas e incluso parándose sobre algún otro compañero para pintar la línea en el techo.

La historia del mundo está llena de gente que pudo hacer mucho y no quiso estirarse más.

Hace años, dos hermanos entraron a trabajar al taller de hojalatería y pintura de la General Motors en Flint Michigan.

El mayor se jubiló como hojalatero.

Pero el menor, Harlow Curtis se convirtió en presidente de la compañía.

Ambos iniciaron desde el mismo punto. Tuvieron los mismos padres, oportunidades idénticas, solo que uno se estiró más que el otro.

Harlow, por las noches tomó un curso de contaduría y después la carrera de administración. Cuando hubo una oportunidad para trabajar como auxiliar administrativo en la división Buick que estaba en quiebra, Harlow la aprovechó. Estaba decidido a subir peldaños, pagar el precio, y crecer.

Cuando le preguntaron al hojalatero que se estaba jubilando cómo fue que su hermano menor había logrado convertirse en presidente de la General Motors, mientras él se había quedado en el taller de pintura, contestó con cierto aire de desprecio:

—Mi hermano siempre ha sido un ambicioso… Además la suerte le sonríe…

Por supuesto. Si ese hombre hubiese estado en aquella habitación del hospital donde un visionario le hablara de las posibilidades detrás del muro de la ventana, sin duda hubiera acabado asesinándolo, también.

Los principios se repiten una y otra vez.

Hay dos tipos de personas. Las que se estiran y las que se conforman.

Cuando todos en tu casa están viendo la televisión ¿eres de los que en medio de la película se escapa unos minutos para trabajar otro poquito, enviar algunos e mails y preparar tu agenda del día siguiente, o eres de los que se acurrucan en el sillón mullido pidiendo que te traigan palomitas?

¿Te conformas o te estiras?

Si alguien te ofrece un negocio difícil de cumplir ¿te acobardas o encaras el reto con valor?

¿Le tienes miedo a los plazos cortos y a los trabajos extenuantes?

Pues cambia de ritmo si no quieres terminar jubilándote con una personalidad mediocre.

¿Tienes madera de capitalista?

Recibe anticipos, cierra tratos y vende productos por adelantado; luego entrega tu vida para cumplir.

Si suena descabellado, ¡entonces comprométete! Acepta el reto.

La ley de Parkinson[17] asegura, que "cada proyecto tiende a expandirse hasta ocupar todo el espacio de tiempo disponible". Si cuentas con tres meses para entregar un trabajo, el último día estarás haciendo los retoques finales. Pero si sólo tienes dos semanas o incluso *una*, también estarás a última hora terminándolo.

Acéptalo.

No has hecho grandes cosas en la vida, porque tus plazos son demasiado largos y tus esfuerzos demasiado cómodos.

¡Acorta los tiempos! ¡Estírate más!

Sólo si estableces plazos cortos y metas altas aumentarás tu ritmo de crecimiento económico.

¡Haz que las cosas sucedan y *rápido*!

Reúne a tu equipo de trabajo y plantéales un gran proyecto. Cuando estén entusiasmados, imaginando todos los meses que se van a llevar desarrollándolo, diles con claridad:

—¡Sólo hay un problema: es para mañana!

Cuando tus colaboradores comprendan que deben pararse pronto de ese sillón, empezarán a lograr avances.

¿Alguien quiere pagarte por la piel de un oso que no has cazado todavía? Acepta el pago, luego toma tu rifle y comprométete a cazarlo para el día siguiente. Si eres una persona agresiva, te aseguro que lo encontrarás. Aunque sea en la madrugada.

¡Acepta el estrés!

Max Gunther, experto en los secretos de banqueros suizos asegura[18]:

> La vida es una aventura. Mientras corres peligro, tu respuesta natural y saludable es sentirte preocupado, pero la preocupación es una parte integral de los *goces* (¡!) más importantes de la vida:

> Nos preocupan nuestros hijos, nuestra pareja, nuestra familia, porque algún día aceptamos el compromiso de tenerlos… y eso es una aventura, un cambio, un riesgo.

> Los filósofos orientales y místicos de la meditación aseguran que mientras menos bienes materiales posea una persona menos tendrá de qué preocuparse; cualquiera que logre una disciplina semejante, habrá desperdiciado su vida, pues sólo habrá alcanzado "la quietud" y eso es muy mal negocio.

En otras palabras, ¡a descansar, a la tumba!

Tú no estás en esta Tierra para buscar inactividad y sosiego total. Si así fuera, Dios te habría hecho árbol.

¡Deja de tenerle miedo a las preocupaciones y enfréntalas!

Es bueno aceptar el estrés de los objetivos difíciles, emprender negocios, entrevistarte con personas eminentes, tomar el micrófono, empuñar la batuta y dar tu vida por aquello en lo que crees.

Siempre te será más cómodo quedarte en pijama de franela viendo las telenovelas. Pero entiende: La única forma de generar riqueza es saliendo de tu madriguera y aceptando el estrés de los grandes retos.

Hace años se hizo un concurso de pintura con el tema de "la paz".

Hubo hermosos cuadros que representaban el tópico de diversas formas. Ejércitos enemigos mostrando banderas blancas mientras los generales se daban la mano. Bellos paisajes con puestas de sol y parejas abrazadas mirando al firmamento. Montañas, lagos, cisnes nadando de forma apacible en sitios paradisíacos… Te parecerá increíble saber que el cuadro ganador mostraba una furiosa tormenta en el mar. Enormes y embravecidas olas golpeaban sin piedad las rocas de un talud. Los rayos y truenos daban al fondo negro un aspecto fantasmal. El viento hacía que algunos árboles se doblaran hasta el límite en el acantilado. Pero ahí, en medio de esa horrible tempestad, enclavado en la parte más alta de una roca estaba el nido de unos pajaritos. La mamá revoloteaba llevando en su pico un gusano para dárselo de comer a sus polluelos recién salidos del huevo…

Esa es *la paz:*

¡Luchar por lo que crees, en medio de las peores adversidades!

Seguir con la cara en alto cuando todo parece perdido.

Aceptar el estrés de tener vida, sin ocultarte cobardemente y sin dejarte llevar por la depresión.

Puedes aceptar muchas cosas, pero no la pobreza a causa de inactividad.

Así que…

TE DESAFÍO...

A convertirte en una persona, de verdad financieramente agresiva.

A inconformarte con lo que eres y tienes.

A aceptar el estrés de los grandes retos.

A estirarte y apuntar más alto.

A ponerte plazos cortos.

A buscar la paz cumpliendo tu deber aún en medio de la tormenta.

Esta mañana me levanté temprano, y vine corriendo a mi estudio.

Tenía una cita contigo. Sin ponernos de acuerdo, los dos acudimos.

Aprecio mucho el prodigio de la comunicación que se ha creado. Sin embargo, a veces me siento un poco extraño. Aunque nuestras mentes estén vinculadas por estas palabras impresas, hay algo injusto en la dinámica. Tú puedes oírme, pero yo a ti, no.

¡Cómo me gustaría escuchar tus opiniones y objeciones! Seguro las tienes.

¿Por qué no las escribes?

Haz una relación de tus ideas. Actúa en consecuencia a tus propios pensamientos. ¡Pero actúa! Perdona que insista en esto: Si no pones manos a la obra y te comprometes a moverte, en cualquier momento podrías fastidiarte de mi alocución y me dejarás hablando solo. No quiero que eso ocurra, así que te invito a responder cuanto quieras decirme *con hechos*.

Ya tienes claro que para crecer en el terreno financiero requerirás cambiar ciertos hábitos conformistas; ahora me gustaría que habláramos sobre cómo lograrás *específicamente* que la gente te pague mejor por tus servicios.

¿Existe alguna estrategia para convencer a tus clientes o patrones que deberían darte más dinero a cambio de lo que haces para ellos?

La respuesta es afirmativa.

Existen algunos movimientos tácticos que debes realizar.

El campeón nacional de equitación dijo en una entrevista que para poder llegar a ese nivel tuvo que comprar y vender caballos varias veces. Cuando alguien se acercaba con un animal, diciendo cuanto valía, él le preguntaba:

—¿Dónde lo dice? ¿Cuál es el tabulador para determinar el precio de un caballo?

Entonces el vendedor le hablaba de la sangre, la nobleza y la educación de la bestia. El campeón siempre respondía:

—En este momento tu caballo vale absolutamente *nada*. Valdrá dinero sólo cuando "alguien" esté dispuesto a pagar por él.

Esa es la verdad sobre el precio de las cosas. Los animales, los productos, los servicios, tu trabajo y el mío en realidad no tienen ningún valor económico hasta que una persona *los compra*.

El dinero proviene de otras personas. No cae del cielo ni lo hallamos en un pozo. Si ganamos poco es sólo porque los demás no consideran que deban darnos más, a cambio de lo que hacemos.

El amigo, asesor legal del que te hablé antes, quien me envió una factura exorbitante sólo porque charló conmigo en el café, *no* se estaba cotizando más alto. Se estaba descalificando solo.

Ninguno de nosotros podemos cotizarnos como mejor nos plazca. No eres tú ni yo quienes determinamos cuánto podemos cobrar:

Es el mercado.

Antes, cuando no existía el dinero, el criador de pollos, iba con el zapatero, le llevaba dos cajas de huevos y se las intercambiaba por unas sandalias; el zapatero a su vez le pagaba al agricultor con botas; después se inventaron papeles firmados como "vales" para seguir haciendo intercambios. Eso es el dinero.

Hoy, intercambiamos nuestro trabajo por billetes y los billetes que poseemos los trocamos por el trabajo de otros.

El problema está en que en el ambiente competitivo la gente no está dispuesta a darte suficientes "vales" a cambio de tu trabajo.

¿Por qué ocurre esto?

Porque tu aportación al mercado está devaluada.

¿Quieres cotizar más alto?

Partiendo de las ideas de Brian Tracy[19], pero complementándolas y aterrizándolas, nosotros estamos tasados en función de cuatro parámetros:

1. Nuestro grado de *especialización*.
2. Nuestro grado de *perfeccionismo*.
3. Nuestro grado de *singularidad*.
4. Nuestro grado de *utilidad*.

Revisemos cada tema brevemente.

1. ¿Cuál es tu grado de "especialización"?

Un barrendero que limpia las calles hace un gran servicio a la comunidad, pero su grado de especialización es mínimo. Por eso gana poco. Sin irnos al extremo, en todas las profesiones existen diversos niveles de especialización:

Un doctor puede ser sólo médico general o neurocirujano de técnicas no invasivas. Un proyectista puede ser empírico de la computadora o LDG, con maestría en creatividad y doctorado en robótica.

¿Quién tiene mejor sueldo?

No hace falta dar más ejemplos. Mejor analízate.

Si deseas aumentar tu grado de especialización, corre a una librería, compra las últimas publicaciones técnicas de tu ramo y comienza a leerlas (después de terminar este libro).

No importa qué tanta experiencia creas tener. ¿Deseas ganar más? ¡Lee, capacítate, renuévate, actualízate, inscríbete en cursos de tu área, practica otras fórmulas, ensaya técnicas modernas!

Yo les digo a los jóvenes que estudiar en la universidad es una inversión prodigiosa pues lo que aprendan en esos cuatro años puede duplicar sus ingresos en los próximos cuarenta. Lo mismo te digo hoy a ti. No supongas que ya superaste la etapa de "aprender" y estás en la de "enseñar". ¡Por esas ideas arcaicas ganas poco! Te has estancado en tu nivel de especialización. Debes convertirte en una persona mejor cotizada.

El primer parámetro para saber cuánto vale tu trabajo consiste en evaluar tus conocimientos y habilidades.

2. ¿Cuál es tu grado de "perfeccionismo"?

¿A quién le pagarías más? ¿A un médico que va a operarte del corazón y tiene fama de malhecho o al cirujano que además de saber hacer su trabajo es perfeccionista hasta la obsesión? Y qué me dices del mecánico que arregla tu carro, ¿le pagarías más al desaliñado que apodan el *Ahí-se-va* o al exagerado que aprieta con precaución extrema hasta el último tornillo?

¿Cuál es tu trabajo? ¿Puedes hacerlo con más pulcritud y esmero?

¡Pues comienza ahora!

Los perfeccionistas siempre son mejor pagados.

Quizá no ganas lo suficiente, porque es fácil hallarle errores a lo que haces.

¿A veces te recriminan por tener poco cuidado?

¿De vez en cuando recibes críticas por las fallas que cometes?

¿Eres una persona incumplida, impuntual o improvisada?

Acéptalo. Ésa es otra razón por la que no quieren pagarte más. ¡Eleva tu nivel de perfeccionismo! ¡Haz tu trabajo de hoy mejor que el de ayer! ¡Esfuérzate por cuidar los detalles! Reta a tu jefe, a tus críticos y a tus compañeros a que encuentren un error en lo que haces y enorgullécete de entregar un resultado intachable.

3. ¿Cuál es tu grado de "singularidad"?

Observa los sueldos de obreros y peones. Son bajos, no sólo porque son poco especializados, sino sobre todo porque hay millones de personas que podrían hacer lo que ellos hacen. Ahora analiza los sueldos de directores corporativos. Son altos porque no abunda gente que podría ocupar sus lugares.

Mientras más fácil sea reemplazarte, menor cotizado o cotizada serás.

¿Cómo aumentas el grado de singularidad que posees? Combinando tu experiencia y habilidades para conformar un estilo único (que nadie en el mundo pueda imitar).

Deja de querer parecerte a otros. Al volverte irrepetible, valdrás más y te pagarán mejor.

Si trabajas en una empresa, *resuelve los problemas de tu jefe*.

Pocas cosas te harán más singular.

Una asistente del director me dijo:

—¿Qué tiene eso de novedoso? Me la paso arreglando sus asuntos.

¡Momento!, a lo que me refiero no es a que hagas lo que "te corresponde" hacer (es tu obligación), sino aquello que le corresponde *hacer* a tu jefe.

Sigue este consejo: Aprende, investiga, pregunta y comienza a sustituir a tu superior discretamente en algunas áreas, realizando cosas que sólo él o ella han hecho siempre. No adoptes la actitud de quien desea usurpar un puesto, sino la de servir más allá de lo que deberías. Imagina que llega el momento en el que, además de hacer bien tu trabajo, dominas algunas de las responsabilidades de tu jefe. Imagina que sabes tanto como él o ella en ciertas áreas y has aprendido a tomar decisiones parecidas. Quizá en principio sólo ganarás más trabajo del que tienes y no te pagarán por ello, pero ten paciencia y mira a futuro. ¿A quién le delegarán la autoridad de tu superior cuando no esté? ¿Quién será su colaborador de confianza? Si enferma, renuncia o es despedido, ¿quién lo sustituirá? Cuando la empresa haga una expansión y necesiten nuevos directores, ¿a quién llamarán para el puesto? Si hay recortes de personal, ¿quién tendrá su lugar asegurado?, cuando revisen los aumentos de sueldo ¿a quién le darán más? Y si las cosas van mal, ¿quién estará capacitado para ocupar un mejor puesto en otra empresa o incluso poner su propio negocio?

Cumplir con tus responsabilidades y ayudar a tu jefe con las suyas te convierte en alguien muy "singular" (porque nadie hace eso).

Por otro lado, si no tienes superior o trabajas de forma independiente recuerda que *tus jefes son tus clientes*. Así que el principio funciona aún mejor: ¡Resuelve los problemas de tus *clientes*! Dales un valor agregado que nadie les da por su dinero y verás cómo siempre te buscarán a ti primero.

Ser "singular" es un reto.

Si tu trabajo es único será mejor cotizado.

4. ¿Cuál es tu grado de "utilidad"?

Imagina a un químico que después de años de investigación logra descubrir la fórmula del proceso catalítico en fase acuosa para hacer que los frijoles negros se vuelvan cafés y los cafés negros. O a un políglota que invierte su vida en la creación del diccionario bilingüe Sánscrito-Zapoteca.

A pesar de la innegable especialización, perfeccionismo y singularidad de ambos eruditos, nadie querrá pagarles mucho dinero por sus trabajos.

Mientras más útiles sean los productos o servicios que ofreces, más valdrán económicamente.

Piensa: ¿Por qué Bill Gates se volvió millonario? ¡Por la utilidad de sus inventos! ¿Y por qué tú sigues padeciendo carencias económicas? ¡Por la inutilidad de los tuyos!

Llevando este concepto a la oficina común. ¿Cómo puedes hacer tu trabajo más útil? Te lo voy a decir, bien que tal vez no te guste: Busca la forma de generar directa o indirectamente mayores ingresos *para tu empresa*.

Mucha gente trabajadora sabe cómo podría producir dinero en beneficio de su organización, pero no pone manos a la obra porque odia a los patrones. "Jamás enriqueceré a esos explotadores", "sé cómo ayudar, pero ¿cuánto más me pagarían? ¡Nada, seguramente!, así que ¡se fastidien!"

Entonces optan por mantenerse en un nivel de utilidad mínimo.

Tu trabajo es útil si produce comodidades, ahorra tiempo, inspira o brinda ganancias *a los demás*.

Vuelve a leer y memoriza las tres últimas palabras del párrafo anterior.

Ahora, asimílalo de una vez:

Si quieres ganar dinero *tú*, deja de pensar *en ti*.

Yo conozco a muchos conferenciantes.

Charlando con uno de los que cobran más, le pregunté:

—¿A qué se debe que estés tan bien cotizado?

—La respuesta es muy simple —me dijo—, la cantidad que me pagan es el monto en el que el mercado tasa mi aportación. Muchos nos dedicamos a esto, pero no todos producimos los mismos resultados. Yo no elegí lo que gano de forma artera. Es lo que fría y objetivamente determina la libre competencia.

Mi amigo no es el hombre más modesto que conozco, pero tiene razón.

Si ganas bien, tus competidores se morderán las uñas de rabia.

A fin de cuentas obtendrás lo que mereces según tu grado de *especialización, perfeccionismo, singularidad y utilidad*.

No lo tomes a la ligera.

Lo interesante de la riqueza es que, si la persigues de frente *se escapará*.

Trázate metas concretas para aumentar las cuatro características de tu cotización, y el dinero comenzará a llegar por sí solo.

Ahora, te recomiendo…

Parécete un poco a Superman.

Provoca que la gente conozca tus logros.

¿Has notado cómo Clark Kent se deja ver cuando entra a la caseta telefónica a cambiarse de ropa y luego nos guiña el ojo mientras rescata a Luisa, deteniendo un tren?

No peques de inocente. Habla con humildad de los trenes que has detenido. Cuando te cambies de ropa en la caseta, asegúrate de olvidar un calcetín.

Ya sé que no te agradan los brindis (¿o me equivoco?), pero después de conseguir una meta importante dile a tu colaborador más cercano que organice uno en tu honor. O mejor todavía, ¡en honor de tu equipo de trabajo! Pierde el miedo a hacer festejos por las cosas buenas. ¿También en tu cumpleaños? No tiene nada de malo, pero toma en cuenta que hasta los perros cumplen años. ¿Cuál es el mérito de tener más canas? (claro, si lograste vivir un siglo, saca la casa por la ventana).

Mi abuelo decía en español muy castizo "trabajad y haceos publicad". Y mi abuela lo traducía, diciendo: "cacarea tus huevos, hijito".

No estoy diciendo que te conviertas en una persona presumida o hueca. Eso no aumentaría tu cotización. La mermaría. Todos rechazamos a los petulantes. Sólo digo que hagas un rápido y discreto guiño al camarógrafo cuando detengas el puente roto.

Para ser "singular" debes resolver los problemas de tu superior, ¡pero de nada te servirá si tu superior no se entera! Con mucha modestia haz que lo sepa él y aún los jefes de él.

Insisto: No seas arrogante. Asegúrate de actuar con recato y hasta con un poco de vergüenza explícita. Después sé paciente y ¡cierra la boca! No pidas dos aplausos por la misma maroma. Parecerás gorila.

Lo que hagas bien, anúncialo *una sola vez*. Luego vuelve al trabajo agresivo.

Continúa con una actitud emprendedora, sin desesperarte.

No comas kriptonita si las remuneraciones económicas tardan.

Sé paciente.

Cada semilla que siembres y cuides, tarde o temprano dará fruto.

Por último:

Rodéate de gente que aumente tu cotización.

Los amigos que escoges elevan o disminuyen tu valor.

Parafraseando a John Maxwell [20]:

El potencial de éxito en cualquier negocio que emprendas lo determinan las personas que están cerca de ti.

Sólo tendrás poder si te asocias con gente capaz.

En las mejores circunstancias, el líder debe reunir a un equipo de colaboradores y de colegas que lo sustenten.

No existen los líderes al estilo "Llanero solitario". Una persona sola no es líder de nadie y con el tiempo se vuelve más débil que un corderito.

Así como tu cotización disminuye si eliges mal a tus asesores, ocurre cuando actúas a solas.

Jamás salgas a la jungla sin buenos acompañantes.

La soledad disminuye tu valor comercial.

Haz una cadena de contactos positivos.

Jamás tomes decisiones importantes según tus criterios únicos.

El agresivo convoca a juntas, escucha opiniones y disfruta diciendo: "No sé. Explícame."

Crea buenas relaciones con la gente, y llama por teléfono de vez en cuando a personas claves sólo para saludarlas.

Mantén actualizada tu cadena de contactos.

Rodéate de buenos mentores.

No tienes obligación de saber todas las respuestas, pero sí de tener amigos y consejeros que las sepan.

Por eso…

TE DESAFÍO…

A aumentar tu cotización siendo una persona más especializada, más perfeccionista, más singular y más útil.

A resolver los problemas de tu jefe.

A publicar discretamente tus aciertos.

A rodearte de buenos asesores…

Existe una pequeña posibilidad de que a pesar de que hagas todo lo anterior sigas ganando poco dinero…

Si eso ocurre quizá sea porque tus problemas personales te han rebasado y no logras dejarlos a un lado mientras intentas seguir progresando.

Puede ocurrirnos a todos.

Para convivir con la depresión, el enojo o incluso la tragedia dentro de los horarios de trabajo, existen ciertas herramientas indispensables.

Quizá sean las últimas que requieres para destapar la botella de tu prosperidad.

trabaja sin exhibir tus penas

ejercicio para superar la crisis 1-A, 2-A, 3-A, 1-B, 2-B y 3-B
(todos los tipos)

¡Me pagan una miseria!

La semana pasada fui invitado como orador en una pequeña ciudad. Mi representante llegó varias horas antes para supervisar el montaje del escenario. Cuando se acercaba la hora de la charla le llamé por teléfono y le pregunté cómo iba todo.

—Bien —su voz sonaba turbada—, saldremos adelante.

No era una respuesta común. De inmediato sospeché que había problemas.

Tomé un taxi y me dirigí al salón. En efecto, hallé circunstancias anormales. Había sólo dos bocinas instaladas en un sitio en el que debía haber por lo menos seis. Las sillas estaban desacomodadas y el escenario desvestido. Mi representante, sobre una escalera vieja pegaba letras de unicel en la pared frontal.

—¿Qué pasa? —le pregunté—. ¿Dónde están los organizadores? ¿Por qué hay este desastre?

—Me dejaron solo.

—¿Cómo?

—La persona que nos contrató tuvo un contratiempo familiar. Al parecer la semana pasada murió uno de sus primos y ahora él se siente indispuesto. No quiso cancelar el evento; me lo delegó por completo.

—¿Y no dejó a alguien para que te ayudara? ¿Quién es el responsable de montar el salón?

—Allá hay dos tipos, pero tienen pésima actitud. Vinieron a aventar las cosas sin ningún cuidado. Por eso las estoy arreglando.

Caminé hacia los hombres que estaban charlando al final del recinto.

—Disculpen, caballeros, soy el orador. Ustedes trabajan aquí, ¿podrían ayudarme a organizar este sitio?

—Ya hicimos lo que nos tocaba —respondió uno de ellos—. Trajimos las sillas y las letras de unicel. A su amigo le disgustó cómo las pusimos. Ese no es nuestro problema.

—Señores —insistí—, todos estamos comprometidos en el evento. Necesitamos hacer equipo para que salga bien.

—A nosotros nos pagan una miseria. Por el dinero que recibimos no podemos hacer nada más.

Fue inútil discutir.

El responsable directo evadió su deber izando la bandera de *un problema familiar*. Los contratistas levantaron la de *nos pagan poco*.

¿Alguna vez has escuchado algo parecido?

Hace tiempo, le di mis condolencias a una mujer viuda.

Era madre de tres alumnas en la escuela primaria que yo dirigía.

Estaba abatida por la muerte de su esposo. La insté a seguir adelante, pero después de varias semanas continuaba decaída.

Sus hijas de cinco, siete y ocho años de edad, asistían al colegio sucias, sin tareas ni comida para el recreo. La señora, al recogerlas, llegaba cabizbaja, desaliñada, con el rostro lloroso y descompuesto.

Un día le pedí que subiera a mi oficina. Le pregunté cómo estaba y me habló, otra vez, de su precaria situación:

—¡Usted sabe que se murió mi marido! ¡Estoy muy mal! ¡Mis pequeñas lloran todo el tiempo y no logramos reponernos! En el trabajo no me concentro. Soy asistente de un importante ejecutivo. Mi jefe me ha regañado varias veces, pero una no puede rendir igual cuando está de luto.

Asentí. Aunque quise imaginarme su tormento interior, me fue imposible. Yo no había sufrido la muerte de mi esposa ni de mis padres ni de ningún otro ser querido cercano. ¿Cómo ayudar a alguien cuyo dolor está fuera de nuestros parámetros?

Entonces recordé a mi maestro de Auditoría Organizacional.

Varios días después de que falleció su hijo fui a verlo a los cubículos de asesoría. Necesitaba hacerle algunas preguntas.

—¿Por qué sigue trabajando?

—Porque aún estoy vivo.

—¿No siente dolor por la muerte de su hijo?

—Mucho, pero no lo exhibo. ¿Qué ganaría?

—Tal vez apoyo…

—El tiempo es la mejor medicina para cicatrizar las llagas del alma. Mientras tanto hay que seguir progresando.

—¿En sus circunstancias?

—¡Hasta las plantas crecen un poco cada día!

—Profesor, me cuesta mucho trabajo entender lo que dice.

—A mí también.

Volví al presente.

La mujer viuda estaba frente a mí, con rostro compungido, hundida en la más terrible desesperanza.

—Por favor, tome asiento —la invité.

—Gracias.

—¿Cuándo falleció su marido?

—Hace cuatro meses.

—Ajá… —suspiré—. Supongo que estuvo presente en su funeral, ¿verdad?

—Sí.

—¿Conoce y recuerda el lugar en que se depositaron sus restos?

—Claro.

—¿Entonces, por qué se empeña en desenterrarlos para cargarlos sobre los hombros y exhibirlos?

—No… le… entiendo —intentó protestar.

—Voy a contarle una pequeña historia —le dije—, hace años, en medio de la guerra había varios seminaristas escondidos con su maestro. Eran personas que actuaban con pasión. La pasión era su distintivo. Una noche, después de hacer sus oraciones estaban jugando a las cartas cuando comenzó un terrible bombardeo. Los discípulos se asustaron porque las bombas caían muy cerca del edificio y los naipes sobre la mesa temblaban. Era un juego de cartas bastante extraño. Entonces el maestro hizo una pregunta: "si cayera una bomba en este lugar y yo muriera, ¿ustedes qué harían?" Los muchachos se miraron entre sí preocupados, en realidad no sabrían qué hacer. "¿Qué te gustaría que hiciéramos?", preguntó uno de ellos. El maestro los observó uno a uno y contestó muy despacio: "Si cayera una bomba y yo muriera, por favor, quiten mi cadáver de en medio, repartan las cartas y sigan jugando".

La viuda me miraba con sus ojos tristes sumidos en profundas ojeras.

—¿Entiende la analogía de esta historia?

—No.

—Perdone lo que voy a decir; es sólo una metáfora: Usted quiere seguir jugando naipes con el cadáver de su marido sobre la mesa.

—¿Cómo?

—*Presume* a su esposo muerto y lo usa como excusa para no cumplir con sus deberes. El dolor es algo muy personal, señora. Exhibirlo con intenciones de ganar favores, buscar consuelo o lograr aceptación no le conviene. Al final se sentirá peor. Sus hijas viven asustadas porque pasan los días ¡y usted no se sobrepone! Con ese talante de viuda destrozada, consciente o no, sólo está justificando su falta de esfuerzo y resultados.

—Es usted muy duro conmigo.

—No es mi intención lastimarla más. Sólo deseo hacer algo que poca gente se atreve. Confrontarla con la verdad. Entienda esto:

"Usted tiene dos problemas diferentes: el primero es el dolor, y el segundo el caos funcional.

"El dolor de haber perdido a un ser querido proviene de una lesión muy profunda en el alma. ¡Es real, y no mejora con pésames! Yo puedo darle mis condolencias otra vez, como lo hice cuatro meses atrás. ¿Pero qué ganaríamos? Aunque me concentre en comprenderla, no podría, porque el dolor es *de usted,* de nadie más. ¡Su herida es personal y secreta! ¿Desde hace varias semanas ha decidido sólo vestir de negro? ¿Para qué? ¡Podría vestirse de rosa o de blanco; de todos modos su alma lloraría! La herida interior requiere un delicado proceso de cicatrización. Cuídela en privado. No la exponga a los microbios enseñándosela a todos. Decida protegerla con un bálsamo de aceptación, amor y entrega pacífica. En pocas palabras ¡déjela en paz! El tiempo y el amor de su Creador la sanarán poco a poco… La lástima ajena, no.

"Ahora hablemos de su segundo problema: *el caos funcional.* Hay una gran desorganización en su trabajo, su rutina diaria está rota, su casa desordenada, las niñas con hambre, sin cuidados ni amor… Se la pasa lamentándose porque el carro se atascó en vez de arremangarse la camisa, calzar las llantas y trabajar para sacarlo del fango. ¡Debe continuar el viaje! ¿Pero cómo va a actuar mientras tiene los brazos ocupados cargando el cadáver de su marido? ¡Ya deje descansar a ese buen hombre y ponga manos a la obra! El caos funcional, no se arregla solo. Si no se hace algo, empeora cada día. Decida emprender acciones concretas. Arregle su existencia con hechos, no con lágrimas. Más que nunca debe asumir la responsabilidad de estar viva. ¿Su parcela se quemó? ¡Deje de contemplar las cenizas y decídase a sembrar nuevas semillas!

La mujer agachó la cara, apretó sus puños con mucha fuerza y asintió.

—Gracias —me dijo—. Nadie me había hablado así.

¿Cuáles son tus cadáveres?

Aunque tú no hayas perdido a tu cónyuge ni te haya ocurrido algo tan trágico, guardando las proporciones, quizá estás haciendo lo mismo que aquella mujer:

Decides sentirte mal cuando las cosas no suceden como lo esperabas, y andas por la vida desenterrando "cadáveres".

¿Repasamos algunos?: Los errores de tus padres, las carencias de tu niñez, la traición de aquel amigo, la enfermedad crónica que conoces de cerca, el accidente que sufriste, las insuficiencias de tu cuerpo, las injusticias de las que fuiste objeto…

¡Aparta a los muertos y sigue caminando!

¡Trabaja sin consentirte más!

Un día mi cuñado me dijo cuando me oyó platicando de mi pasado: "¿quieres que traiga violinistas para que toquen mientras describes tus tristezas?"

Entonces me di cuenta que yo estaba usando la estrategia del niño consentido: Quejarme a gritos por mi raspón en la rodilla para que alguien me cargue y así no cansarme caminando.

Las personas tenemos una tendencia natural a buscar condolencias.

1. Seleccionamos lo malo del ayer y recordamos sólo cuanto nos conviene para hacernos pasar por héroes o víctimas.

2. Focalizamos los problemas del ambiente y aseguramos que estamos viviendo en situaciones desfavorables.

3. Interpretamos las palabras ajenas de manera adversa y decimos que los demás nos atacan con infamia.

Si no pones un alto ahora, caerás en esa tendencia.

¿Cuáles son los episodios ingratos de los que tanto hablas cuando sientes melancolía?

Reconócelo: las cosas no sucedieron así.

En realidad has seleccionado lo peor (o lo mejor) y lo exageras para hacerte pasar por *mártir-superhéroe*.

¡Nadie está conspirando en tu contra!

Me contaron de una mujer que solía acompañar a su hijo a la escuela. Cuando se acercaban al colegio, el chico apresuraba el paso para caminar delante de su madre y así evitar que la gente lo viera con ella. La señora estaba muy ofendida y triste. Durante varias semanas soportó la conducta del muchacho y conforme pasaban los días se sintió más amargada.

Un día le reclamó:

—¿Qué sucede, hijo? ¿Por qué te avergüenzas de tu madre? ¿Por qué no quieres que te vean a mi lado?

—No mamá, no me avergüenzo —dijo el chico—, lo que

pasa es que eres demasiado joven y no quiero que mis amigos piensen que tengo una nueva novia.

La mujer se quedó pasmada.

Esa tarde se paró frente al espejo para mirarse con otros ojos. Acarició su rostro y, esbozando una leve sonrisa, lloró...

¡Ya no estés diciendo que te ofendieron!

Tal vez por mucho tiempo has creído que alguien no te quiere o le caes mal, y te tiene mala voluntad. No es necesariamente así. ¡Habla con esa persona! Aclara los malos entendidos. Desengáñate.

Te la has pasado agrandando las manchas (que hay en todos lados) y pretendes vivir en medio de una gran mancha (como dirían los jóvenes: ¡*no manches*!).

Imita a Sudha Chandran.

La bailarina más famosa de la India sufrió el peor accidente posible para alguien cuyo trabajo depende de sus piernas: Perdió una.

Era el año de 1982. Iba de vuelta a casa después de tomar vacaciones. El autobús se estrelló y ella sufrió una fractura en el fémur derecho. Fue llevada al hospital de gobierno más cercano donde un médico la enyesó de forma inapropiada. Pocos días después, los dedos de sus pies comenzaron a ponerse negros. Cuando le descubrieron la herida se percataron de que tenía gangrena. Fue enviada al hospital de Chennai, donde durante veinte días trataron de salvar la situación. Todo resultó inútil.

Era bailarina. Si le amputaban la pierna nunca más iba a poder trabajar. Estaría arruinada física, mental y económicamente.

Eso creyó todo el mundo.

Pero no fue así.

Le cortaron la pierna. Sin embargo, el 24 de enero de 1984 hizo su reaparición pública en la arena de Mumbai. Miles de personas, con lágrimas en los ojos le aplaudieron, de pie, al verla ejecutar sus danzas de forma magistral con una prótesis en lugar de su pierna derecha.

Se hizo mundialmente célebre. Filmaron varias películas de su vida y apareció como conductora en televisión.

En una entrevista que le hizo la BBC de Londres, le preguntaron, como fue que después del accidente siguió luchando de forma incansable por volver a bailar.

—Amo lo que hago —respondió—. No imagino mi vida de otra forma.

—¿Y la amputación que sufrió no fue motivo propicio para elegir un trabajo diferente?

—No…

—¿Por qué?

Entonces ella contestó con una frase que se ha convertido en símbolo de perseverancia:

—Porque *no se necesitan piernas para bailar*…

Te desafío...

A dejar de creerte el ombligo del planeta. Todos tenemos raspones. No presumas más los tuyos y ponte a trabajar.

A cuidar que las heridas de tu corazón sanen poco a poco, en privado. A dejar de exhibirlas.

A comprender que si estás respirando, debes seguir siendo una persona productiva.

¡Descansarás en el más allá!

A no consentirte y cumplir tus deberes con entusiasmo.

A seguir luchando por más que estés sufriendo.

A recordar que no se necesitan piernas para bailar...

Como consecuencia natural de cuanto hemos reflexionado hasta ahora, voy a plantearte un nuevo desafío.

Será fundamental para que mantengas un crecimiento financiero sostenido.

Algunos lo consideran cliché. Otros, lo han escuchado tanto que se han vacunado contra él:

"Ya que mereces ser *más*, debes aceptar ser *menos*. Sólo quienes se humillen a sí mismos serán exaltados. Lograrás la cima verdadera cuando te atrevas a estar en el valle con sencillez. Para ser líder, debes aprender primero a servir, (y no a mandar, ¡por favor!)"

Aunque tal vez creas que no tienes problema con la soberbia profesional, temo decirte que, por el simple hecho de creer eso, lo tienes...

Tal vez descubras pronto frente al espejo, rasgos monstruosos en tu rostro que están ahuyentando a la gente (y al dinero).

sé humilde con tu profesión

Hace unos minutos salí al jardín. Hice abdominales y sentadillas. No demasiadas. Sólo quería estirar el cuerpo. Cuando volví al estudio me di cuenta que Teófila (de veras así se llama) había pasado por aquí. Olía a abrillantador de piso. No tolero ese aroma. Le he suplicado que cuando limpie debajo del escritorio lo haga sólo con agua. Pero ella no está de acuerdo. Dice que el agua reseca la madera. Así que abrí de nuevo la ventana por completo. También encendí un ventilador. Espero que no te moleste. Teo, levantó los libros que estaban en el suelo haciendo una enorme pila sobre el sillón verde en el que tú te sientas. Disculpa. Ya los volví a bajar.

Si te parece, tomemos nuestros lugares, y continuemos.

Gracias por seguir aquí.

Los estudiantes de preparatoria abierta, en una de las escuelas que dirigí, solían inscribirse para después darse de baja sin ninguna razón aparente. Desaparecían.

Había un grupo conformado por personas adultas que acudían a tomar sus clases muy temprano para después dirigirse a sus respectivos trabajos. Eran alumnos serios, dispuestos a lograr metas altas. Así lo creí al inicio de los cursos, pero con el paso del tiempo también ellos fueron desertando… Cuando supe que el mejor alumno, un hombre inteligente, se estaba dando de baja, lo mandé llamar.

—Estoy profundamente decepcionado —le dije—. Yo entiendo que muchos jóvenes sean irresponsables y no sepan lo que quieren, ¿pero usted?, ¿sus compañeros? ¿Por qué desertan a mitad del semestre?

—Se lo voy a decir; comenzamos el programa con entusiasmo, pero fuimos desanimándonos a causa de los profesores. El maestro que debería darnos clases temprano jamás llega puntual. Un día típico comienza así: A las siete y diez de la mañana estamos todos esperando. A las siete veinte entra el coordinador y pregunta qué clase nos toca. A las siete treinta regresa con un montón de libros sin saber por donde comenzar. A las siete cuarenta llega nuestro maestro. El coordinador da un suspiro de alivio y sale del aula. El recién llegado toma el mando ¡y vuelve a preguntarnos qué clase nos toca! Mientras saca sus libros, charla con algunos alumnos. Después ordena que nos pongamos a estudiar porque va a hacernos un examen. Cuando usted pasa supervisando los salones a las ocho treinta, el tipo se pone de pie y escribe algo en el pizarrón; así le demuestra que está impartiendo clases. ¡Pero es un mentiroso! Llega tarde, falta mucho y no trae su cátedra preparada. ¿Cómo quiere que los alumnos soportemos eso? ¡Acabamos dándonos de baja, por supuesto! Usted haría lo mismo.

Su testimonio me pareció increíble. Abrí el cajón de mi archivero y extraje una carpeta con los diplomas del maestro a quien se estaba refiriendo. Se los mostré.

—¿Estamos hablando de *este* profesor?

—Sí.

—¡Mire sus títulos! Ha sido catedrático durante veinte años en los mejores colegios. Tiene premios nacionales de excelencia en educación. Es un pedagogo prominente. ¡No puede comportarse como me está diciendo!

—Pues lo hace, señor —el hombre miró su reloj; se le hacía tarde para ir a trabajar—, y le voy a decir una cosa más: los alumnos de esta escuela preferirían tener maestros menos ilustres, pero que llegaran temprano, no faltaran y prepararan sus clases.

Asentí. Le di la mano y le ofrecí una disculpa. Tenía toda la razón.

¿Dónde andas? ¡Se necesita tu presencia!

¿De qué nos sirve, a ti y a mí, ser grandes personalidades y llenarnos de diplomas si perdemos la humildad para realizar bien nuestro trabajo?

No basta con saber hacer las cosas. Hay que *hacerlas*. ¡Debemos *estar ahí*, donde se nos requiere!, ¡y a tiempo!

Jamás se te ocurra esgrimir la estúpida excusa de que los latinos somos impuntuales o informales. ¡No es verdad! Yo no lo soy. Tú no lo eres. En realidad llegamos temprano y cumplimos siempre que nos da la gana (¿por qué no nos da más seguido?). Si vamos al aeropuerto llegamos a tiempo. Si acudimos a un examen somos puntuales (o nos reprueban).

¿De qué le sirve, por ejemplo, a un padre de familia, haber asistido a todos los cursos de educación si no está presente en la vida *diaria* de sus hijos?

Revisa el siguiente texto que extraje de mi libro *Dirigentes del Mundo Futuro*.

Los adultos debemos hacer dos cosas por los niños: número uno proveerles de buenos instructores, y número dos, participar activamente en su instrucción.

Así, si le pagas a tu hijo clases particulares de piano, *ayúdalo a practicar a diario*; si lo inscribes en la escuela de fútbol, *acompáñalo a los entrenamientos y partidos*.

Debes dar dinero, pero no basta con eso. También hace falta tu apoyo y presencia personal.

A mis conocidos les digo, por ejemplo: "¿Por qué tu hijo de seis años no sabe acampar, no toca un instrumento musical, no patina, no esquía, no escala montañas? ¡Simplemente porque no le has enseñado! Ahora te pregunto: ¿Crees que si a tu hijo lo instruyeras con paciencia y dedicación en cualquiera de esos conocimientos o en todos ellos, aprendería? ¡Claro! Sin embargo, aún blandiendo esa lógica inobjetable, la mayoría de los padres sonreímos alelados, pero no hacemos nada. ¿Sabes por qué? ¡Por pereza! Preferimos presumir nuestros conocimientos pedagógicos para educar niños, que *estar presentes y actuar* en la educación de los nuestros. ¡Caramba! ¡Los adultos somos miopes! Mejor dicho, haraganes, apáticos, desidiosos.

Para actuar como un verdadero padre, hay que cubrir el importe de las clases, sí, pero también apagar el televisor, ponerse los zapatos deportivos y salir a jugar con el niño, correr tras él mientras aprende a andar en bicicleta, ayudarlo a armar su autopista, apoyarlo a preparar sus concursos, leerle un cuento por las noches, dedicarle las tardes y los domingos. ¡Enseñarle! ¡Jugar con él! Formar parte de su vida diaria.

El mismo principio se aplica para lograr cualquier proyecto que valga la pena:

Debes estar ahí.

¿Quieres un mejor matrimonio? *Debes estar ahí.*
¿Te gustaría crecer espiritualmente? *Debes estar ahí.*
¿Necesitas que tu negocio mejore, tu jefe te promueva, tus clientes te paguen más? *Debes estar ahí.*

Renueva tu actitud frente al trabajo.

Porque además de tu presencia física, hace falta tu presencia mental completa.

Te has jactado de ser una persona experta. Perdona que te lo diga, pero en realidad no estás haciendo cosas nuevas, como antes; sólo estás *copiándote,* repitiéndote y apoyándote en tus logros del ayer.

¿Ganaste premios alguna vez? ¿La gente celebró tus éxitos? ¿Tu historial es ampuloso? Muy bien. También yo te aplaudo, pero espera…

Aunque los triunfos del pasado te ayudan a recordar quién eres y de lo que eres capaz, no harán lo que te corresponde en el momento presente.

Tus diplomas pueden estorbarte. Te alejan de la realidad:

Millones de empresas se vienen a pique por la prepotencia de directivos "idóneos" y la apatía de empleados "especialistas".

Miles de familias se desmoronan ante el machismo del padre que se cree perfecto, la arrogancia de los hijos soberbios o la egolatría de mujeres que nunca reconocen su estancamiento.

Conocí a un profesor cuyo lema era: "Mis alumnos no me merecen. ¡Voy a predicar en el desierto y a sembrar en tepetate!" El hombre declaraba a diario que no valía la pena esforzarse por enseñar…

¡Experto estancado!

En otra ocasión escuché a cierta enfermera que trabajaba en un asilo de ancianos decir: "los pacientes son sucios, malolientes y groseros". *¡Experta estancada!*

Confesándome con un sacerdote hace años, recibí esta

respuesta: "Vete a rezar, deja de chillar y no me quites más el tiempo". *¡Experto estancado!*

También vi en una fiesta cómo cierta mujer sermoneaba a su esposo frente a toda la concurrencia sobre las técnicas adecuadas para educar a los niños, y lo hacía quedar en ridículo. *¡Experta estancada!*

En algún lugar del camino todos ellos perdieron la humildad y el deseo de hacer mejor su trabajo. Se convencieron de que cuanto lograron en el pasado es meritorio y ese pensamiento los hizo mediocres en el presente.

Les pasa a ellos. Me pasa a mí, y perdona que te lo diga. Seguramente te pasa también a ti.

Por favor, mírate al espejo.

¿Cuál es tu habilidad principal?

¿Por qué te han encomiado o pagado dinero?

Entiéndeme: tú lograste esa destreza porque te sentías humilde frente a ella, querías aprender, practicar, devorarte toda la información al respecto. ¿No te das cuenta que con tu arrogancia, ahora, has comenzado a achicarte?

Alguna vez leí una investigación basada en la gran cantidad de avances científicos que se publican a diario; se decía que si una persona quiere estar actualizada en todos los nuevos conocimientos, necesita leer alrededor de cincuenta horas diarias. ¿Cómo va a lograrlo si el día tiene veinticuatro?

Decía Emerson: "cada persona que conozco es superior a mí en algún aspecto, por eso aprendo de él".

Los niños tienen algo superior a ti… Escúchalos, obsérvalos y aprende de ellos.

Aquella persona de otra raza, de otra edad, de otro país, de otra religión (¡de otra religión, sí!) tiene algo interesante que enseñarte.

No te cierres a aprender, porque quien ha dejado de progresar ha comenzado a morir.

Vivir es sinónimo de cambio.

"¿De dónde sacaste tus ínfulas de grandeza y la petulancia aborrecible que te caracteriza?"

"¿Te crees omnisciente, magistral e irreprochable?"

"¿Vives de glorias pasadas y te paras el cuello asegurando que lo sabes todo?"

Me hice las tres preguntas anteriores, una noche, frente al espejo.

Pocas horas antes mi suegra me había dicho en medio de una reunión:

—Te felicito, Carlos, porque has cambiado mucho.

Todos los presentes se volvieron para verme. Me molesté. Contesté de inmediato:

—¿Yo he cambiado? ¡Claro que no! Siempre he sido el mismo. ¡Lo que pasa es que tú *al fin* me valoras, "mamá"!

Algunos se rieron. Otros sólo alzaron las cejas, anticipando una enconada pelea entre yerno y suegra. Pero ni Tere, ni yo continuamos discutiendo. Nuestro cariño mutuo es legítimo.

Aquella noche, sin embargo, me pregunté:

—¿Por qué me molestó tanto la declaración? ¿No será porque aceptar mi cambio es reconocer que en el pasado hice cosas equivocadas?

¿Y qué tiene de malo?

Lo que expresé en mis libros hace diez años no lo expresaría igual hoy. Incluso tal vez difiera de algunos conceptos… Por eso he actualizado las ediciones. Aunque mis críticos asientan con mordacidad, no podrán hacer un escándalo. Es bueno decir a tu pareja o a tu suegra: "Tienes razón. Yo estoy cambiando".

Cambia tú también. Vuelve a ser humilde.

Hace tiempo, mi esposa y yo decidimos irnos por doce meses a Houston Texas con nuestros hijos. Deseábamos vivir lejos de las presiones asfixiantes a las que estábamos sometidos.

Fue un año sabático durante el cual escribí el libro Sangre de Campeón Invencible, y tuvimos una bella aventura familiar.

Mi hija mayor de catorce años, en pocos meses aprendió el idioma inglés. Nos superó a todos en eso.

Yo solía llevarla a su escuela cada mañana. Ella charlaba de sus planes con entusiasmo. Siempre me daba un beso antes de bajarse del auto y corría, saltando de alegría hacia el interior del colegio. Su estilo era el mismo cada día. ¡Cómo me inspiraba verla con aquella seguridad, encarando el reto de adaptarse a una nueva cultura e idioma!

Me sentía orgulloso de ella.

Cierto día, mientras la llevaba a su escuela, puse la grabación de una conferencia sobre psicología que yo había escuchado unas diez veces con anterioridad. Le pedí a mi hija que tradujera algunas partes. Ella contestó que no entendía. Entonces me molesté; puse el disco desde el principio y la presioné:

—Escúchalo de nuevo —y después de un rato—, ¿ahora sí entendiste?

—No.

—¿Cómo es posible? ¡Está clarísimo! A ver, otra vez. Óyelo bien. Repite en voz alta las frases en inglés y luego tradúcelas.

La niña, me confesó que no comprendía. Yo me desesperé y la recriminé. Ella se estaba poniendo nerviosa. Disminuí la velocidad del auto al mínimo para repetir los mensajes del disco varias veces, hasta que lograra decirme el significado.

Fueron momentos de tensión, desagradables.

Esa mañana llegamos tarde a la escuela.

La niña me dio un beso tímido y se bajó del carro muy despacio.

No corrió ni brincó, como siempre lo hacía mientras se dirigía a la puerta del colegio. Caminó encorvada, con la cabeza agachada, dando pasos pequeños.

La vi alejarse, en una actitud de fracaso.

De inmediato me pregunté:

—¿Qué hice? ¿No se supone que yo escribo libros y doy charlas sobre cómo fortalecer la autoestima de los niños? ¿No es verdad que soy un "experto" en el tema?

Apreté mis dientes y golpeé el volante con el puño.

Aquel día, después de dejar a mi hija en su escuela, estuve inmóvil durante varias horas. Aunque solía dirigirme a la biblioteca municipal a escribir hasta la hora de volver por ella, no pude manejar. En el auto saqué mi computadora portátil y la puse sobre mis piernas. No me fue posible redactar un solo párrafo.

—Imbécil —volví a reconvenirme—, creíste saber más que tu niña y se lo demostraste. En unos minutos le dijiste que ella no es tan inteligente, no sabe tanto inglés como dice y tú siempre serás el mejor. ¡Estúpido, soberbio, arrogante, patán!

No sé si logro transmitirte mi frustración.

Mientras escribo tengo un nudo en la garganta y los ojos nublados por las lágrimas, ¡porque yo me dedico a esto! Fundé el Instituto para el Desarrollo de Niños con Alto Potencial, una escuela especializada en moldear positivamente el carácter de los pequeños. Escribí el libro Dirigentes del

Mundo Futuro, como una nueva propuesta educativa para desarrollar al máximo las facultades de los niños. Asesoro a padres y soy orador de congresos para la familia… Me especializo en educación ¡y aún así cometo errores con mis propios hijos!

Tal vez debería omitir este testimonio aquí. Queda por escrito y quizá arruine mi currículo. ¡Pero qué importa! Yo estoy hablándote a ti y lo hago sin máscaras. Con el corazón. Nos hallamos en el mismo recinto tácito al mismo tiempo, pero ¡cómo me gustaría poderte ver a los ojos para que notaras mi convicción al decirte: ¡Vuelve a ser humilde con lo que haces!

Esa noche le escribí una nota a mi hija pidiéndole perdón. Le dije por escrito que admiraba su valor, su perseverancia y su deseo de mejorar cada día. Le expliqué que aunque yo doy discursos y publico libros, sigo cometiendo errores graves. Le pedí que tuviera paciencia conmigo y le prometí que iba a esforzarme más por llegar a ser el padre que ella merecía.

A la mañana siguiente me abrazó muy fuerte. Rumbo a la escuela me pidió que volviera a poner el disco del día anterior. Logró traducir una buena parte. Cuando llegamos a su colegio se despidió, sonriendo, y corrió hacia el interior del edificio, dando saltos.

TE DESAFÍO...

A reconocer los errores que has cometido y resarcirlos.

A volver a ser humilde.

A llegar temprano.

A preparar tu trabajo, aunque ya lo domines.

A renovar tus conocimientos.

A mantenerte alerta en lo que haces y dices para no convertirte jamás en una persona "erudita ausente" o "experta estancada".

A ser más, aceptando ser menos...

Yo me hice escritor en la cama.

Desde niño, si no leo antes de dormir padezco de insomnio y termino levantándome a las tres de la mañana en busca de cualquier libro.

Sólo leyendo, consigo olvidar el mundo real, me zambullo en el imaginario y sueño historias que giran alrededor de cuanto leí antes de dormir (así, he aprendido a no tener en mi buró, libros de Stephen King).

La técnica, sin embargo, me ocasiona efectos secundarios; con frecuencia los sueños son tan intensos que preciso levantarme de cualquier forma, en la madrugada, para redactarlos. A mi esposa le ha costado trabajo acostumbrarse a mis fiestas nocturnas.

Volviendo a nuestro tema. Anoche revisé varios libros de asesores financieros. Hay puntos en los que todos coinciden. La idea central es decisiva y perentoria. Indispensable si deseas generar riqueza.

Te confieso que lo mío ha sido siempre crear cuentos y novelas. Éste es primer ensayo. Por eso deseo ofrecerte una historia que redacté para ti a las tres de la mañana.

quita piedras de tus tobillos

ejercicio para superar la crisis de tipo 2-A
(paulatinas por errores propios)

De rodillas, con los ojos cerrados y las manos unidas, cuestioné:

—¿Hay vida en otros planetas? ¿Todos los seres del Universo son como los humanos? ¡Sólo por curiosidad, Dios mío, déjame vivir unos días en otro mundo!

Al día siguiente, desperté semidesnudo sobre una tierra lodosa; el cielo era rojizo y en el horizonte se dibujaban persistentes destellos de electricidad.

De pronto, sentí un aguijonazo en mi brazo. Salté de dolor y me di una fuerte palmada.

—¿Qué es esto? —dije observando al enorme insecto que todavía se movía. Parecía una rara especie de libélula.

Casi de inmediato sentí otro piquete en el cuello y otro más en la pierna. Levanté la cara. Estaba rodeado de insectos agresivos.

Me eché a correr cuesta abajo dándome palmadas por todo el cuerpo. Casi tropecé con un hombre más o menos de mi edad que caminaba en sentido opuesto.

—¡Auxilio! —le dije, sofocado—, acabo de llegar a este lugar. El aire está tan caliente que casi no puedo respirarlo. Además, estos bichos…

—Tranquilo —contestó—. ¿Te sientes bien?

—Sí, no… es decir, no lo sé —quise explicarle que venía de otro planeta, pero me di cuenta de que eso empeoraría las cosas—, creo que sufrí un golpe en la cabeza —mentí—. No recuerdo nada.

—¿Al menos sabes cómo te llamas?

—Carlos ¿y tú?

—Mísero.

—¡Ayúdame por favor, Mísero! ¿Por qué a ti no te pican las libélulas?

—¿Libélulas? —soltó una carcajada—. Son mosquitos.

—¿Cómo? Jamás había visto unos de ese tamaño.

—Y espera a que sea de noche. Hay moscas hematófagas que muerden.

—¡Mísero! Ya no aguanto.

—Trata de calmarte.

—¿Por qué a ti no te atacan?

—Porque tengo piedras ionizadas.

Me quedé en ascuas. Lo observé.

En efecto, Mísero traía, desde los tobillos hasta las rodillas, un ramillete de rocas grisáceas que parecían muy pesadas. Una de ellas, negra y brillante, despedía vapor. Los insectos no se le acercaban.

—Ayúdame a recordar —le pedí—, ¿qué son esas piedras? ¿Como funcionan las cosas aquí?

—De acuerdo —suspiró—. Haz memoria. Nuestro continente está en declive. Terreno abajo, el calor abrasa de día y el frío congela por las noches; la vegetación es espinosa, los insectos voraces y el aire rancio; pendiente arriba, las cosas mejoran. Mira alrededor. Todos estamos tratando de subir.

—¿Quieres decir que abajo el ambiente es *peor*?

—Claro. En los estratos inferiores sólo existe la lucha despiadada por sobrevivir. Aquí subsistimos con cierta dignidad.

—No entiendo, Mísero —di vueltas mientras me sobaba el cuerpo con rapidez—. ¿A esto le llamas subsistir con dignidad? Me estoy asfixiando.

—Ya te lo dije. Te hacen falta las piedras ionizadas. ¡Deja de moverte y pon atención! Observa mis tobillos. Éste es un tipo especial de mineral que abunda en nuestro planeta. Reacciona químicamente al contacto con la piel humana. Los iones resultantes producen vapor oxigenado que neutraliza los efectos de la temperatura extrema y ahuyenta a los insectos.

—Oh.

Giré la cabeza. A mi alrededor, muchos individuos caminaban con pasos cortos cuesta arriba. Todos traían rocas del tamaño de un melón atadas al cuerpo.

Vi que un atleta se acercaba, lo acompañaban su mujer y su hijo. La cara de los tres estaba hinchada por la excesiva cantidad de picaduras de insectos. Aunque iban jadeando, pasaron junto a nosotros dándonos ánimo.

—¡Esfuércense! ¡Vamos!

—¿Y esos? —pregunté—. ¡No traen piedras!

—Son chiflados. Su afán enfermizo por subir rápido los está matando. Seguro desfallecerán.

—Mísero, ya no aguanto más. O me das una de tus piedras mágicas o voy a enloquecer y me echaré a correr también.

—Ven —me condujo hacia el límite de la vereda—. Las rocas están en el subsuelo. Tienes que escarbar.

Lo hice a toda prisa. Casi a medio metro de profundidad hallé una.

—Esa es —dijo Mísero—, sácala. Ahora corta una liana de aquel árbol. No es fácil, pero si golpeas con la misma piedra… —lo hice—, ¡eso es! Tienes mucha fuerza. Por último, usa la cuerda para amarrarte la roca. Hazlo pronto. Sentirás el efecto ionizante.

Obedecí. El mineral se calentó al contacto de mi piel y comenzó a emitir vapor. Terminé el amarre. De inmediato sentí alivio. Comencé a respirar mejor, los insectos dejaron de picarme y el calor extremo disminuyó de intensidad alrededor de mí.

—¡Increíble! —dije—. Esto es magnífico. ¿Cuánto dura el efecto?

—Lo suficiente.

—¿Cuánto?

—Depende del tamaño de la piedra.

—Pesa mucho.

A las pocas horas se hizo de noche.

La oscuridad trajo consigo un viento helado que escarchó los árboles de hielo. Por fortuna ni el frío ni los insectos me molestaron. Acaricié la piedra negra atada a mi tobillo y sentí deseos de besarla. Al mirarla de cerca noté que estaba perdiendo su brillo y que la liana había hecho un surco sobre ella.

—¿Qué sucede? —le pregunté a Mísero, pero ya se había dormido.

Cuando desperté a la mañana siguiente, mi compañero ya no estaba. Me había abandonado.

Durante varios días caminé cuesta arriba a paso muy lento en busca de mejores tierras. Una mañana sentí otra vez las agresiones del medio. Quise quitarme la roca que ya no emitía el vaporcito maravilloso, pero la liana se había endurecido como cable de acero. Entonces me amarré otra. Después de dos días el efecto se acabó también y repetí la operación. Así lo hice tres veces más, hasta que me fue imposible caminar.

Me arrastré sobre cientos de piedras viejas. Vi una mano pálida y exangüe levantándose en medio del montículo. Más adelante había una familia en la que el padre, la madre y los hijos, moribundos, trataban sin éxito de quitarse las rocas atadas al cuerpo.

—¡Haraganes! —gemía el papá—, traten de caminar. Yo ya estoy viejo, pero ustedes no. ¡Tienen que levantarse!

Y los niños y la esposa, llorando, intentaban moverse sin lograrlo. Ninguna de sus rocas funcionaba. Se estaban asfixiando. Los mosquitos y moscas hematófagas los rodeaban.

Entonces volteé hacia mis piernas. Yo estaba cerca de acabar en una situación similar. Me rebelé ante la idea. Hice una herramienta y golpeé las lianas endurecidas. Continué haciéndolo por horas. Los insectos comenzaron a picarme. Comprobé que aunque eran muy molestos, no podían quitarme la vida. También me percaté que el clima resultaba soportable si pensaba en otra cosa. Mi piel, se llenó de úlceras. Seguí cortando la liana. Al fin me liberé de la piedra más pequeña. Eso me motivó a seguir.

Mísero apareció.

—¿Dónde andabas? —me preguntó—, ¡mira nada más en qué estado te encuentras!

—¡Trato de quitarme las rocas! Correré hacia arriba, sin ellas.

—Siempre es bueno deshacerse de algunas piedras muertas. Yo también lo hago de vez en cuando. Se llama reestructuración de aires. Es una estrategia inteligente…

—¿Cómo dices que se llama?

—Reestructuración… Hay varios instrumentos…

—¿Instrumentos? —lo interrumpí con energía—, he oído eso antes.

—¿En dónde?

—Mira. Voy a hablarte claro. No me importa si crees que estoy loco. Yo vengo de la Tierra, un planeta diferente, pero con similitudes sorprendentes. Allá las personas trabajamos para subir de posición social. Vivir en estratos bajos es desagradable. Igual que aquí. Si queremos evitar las incomodidades de niveles inferiores tenemos dos alternativas: La primera es sacrificarnos *acelerando el paso*, volviéndonos más agresivos para aumentar nuestros ingresos y ahorrar dinero. La segunda es endeudarnos.

"¡En La Tierra también tenemos piedras ionizadas! Se llaman *instrumentos* de deuda: Tarjetas de crédito, préstamos, hipotecas, rentas, compras a plazos, empeño de bienes, alquileres, etcétera. Esas son las rocas que los humanos nos colocamos encima para calmar nuestras molestias de tener poco dinero.

"Adquirir deudas nos permite darnos lujos y respirar con más calma de forma temporal, pero el efecto se acaba. Cuando estamos desesperados, consolidamos o reestructuramos las deudas, quitándonos piedras viejas y poniéndonos nuevas. El dinero que debemos, a la larga, es un ramillete de rocas que nos impide superarnos.

—No entiendo eso del "dinero".

—Mísero, si de verdad anhelas progresar y alcanzar estratos más agradables, tienes que quitarte esas rocas de las piernas, ¡acostúmbrate a las incomodidades del medio y comienza a trotar! Te burlaste de los corredores porque iban agotados y estaban sufriendo molestias. Ahora, de seguro, ya llegaron a mejor altitud. En la Tierra ellos equivalen a las personas financieramente agresivas. Mira, Mísero. Acabo de cortar esta liana. ¿Ves que sí se puede?

—¿Cómo le hiciste?

—¡Con decisión! —froté otra de las cuerdas metalizadas—. Primero rompí la más delgada porque es una estrategia que aprendí de niño. Cuando quieres derribar soldaditos comienzas con los más fáciles.

—¿Cómo?

—En mi planeta, si de verdad deseas liberarte del yugo, debes hacer una lista de todas tus deudas y dedicarte, de lleno, a saldar una por una, empezando por la más pequeña. Eso ayuda a la psicología de la liberación. Para lograrlo, tal vez requieras hacer cosas extremas. Vender muebles, realizar ventas de garaje, aumentar tu horario de trabajo, traspasar el coche nuevo que pagas mes a mes y comprarte uno barato, o incluso transportarte en autobús.

—¿Coche? ¿Autobús?

—Sí, Mísero, ¡no sabes cuántos autos en financiamiento se convierten en piedras pesadas que la gente insiste a toda costa en llevar a cuestas! Para liberarse, es preciso deshacerse de ellas. Quien lo decide, se concentra en pagar a los acreedores, destruye tarjetas de crédito, guarda la chequera, cancela sus vacaciones y toma decisiones inteligentes. No es fácil.

Seguí trabajando por horas hasta que al fin rompí la liana más gruesa.

Mísero trató de hacer lo mismo con sus rocas. Yo no podía ayudarlo.

Sintiéndome liberado me despedí de él y corrí cuesta arriba. Era doloroso. Tenía que superar esa codependencia a las piedras.

Después de un tiempo me fui acostumbrando y aumenté el paso. Entonces mi organismo funcionó mejor. El cambio de ambiente fue gradual. Los insectos disminuyeron un poco, el aire se hizo más puro y el clima más benigno.

Me prometí que, si regresaba a la Tierra, aumentaría mi agresividad para ganar dinero y fortalecería mi capacidad de ahorro. Jamás compraría a crédito. Optaría por adquirir un inmueble pequeño y sobrio que fuera *mío*, a rentar otro grande y lujoso que hiciera las veces de roca en mis tobillos.

Ahora que había conocido ese mundo paralelo, jamás aceptaría convertirme en esclavo de mis propias debilidades.

Dave Ramsey en su libro *La transformación total de su dinero*, dice:

Cuando se hizo una encuesta, el setenta y cinco por ciento de la lista de los cuatrocientos hombres más ricos del mundo según la revista Forbes, dijeron que la mejor forma de crear riquezas es llegar a estar libre de deudas y mantenerse así. He conocido a miles de millonarios en mis años de consultor financiero y nunca he sabido de uno sólo que me diga que hizo sus millones con los puntos de la tarjeta de crédito. Todos ellos vivían con menos de lo que ganaban y gastaban sólo cuando tenían efectivo. Ahorraban porque no le debían a nadie[21].

Jamás olvides esta paradoja:

El primer paso para comenzar a ahorrar (dinero realmente tuyo) es pagarle a otros el dinero que te prestaron.

Cuando yo era un adolescente, vivíamos por encima de nuestro nivel de ingresos, gastando en exceso y con muchísimas deudas. Durante años habíamos comprado a crédito. A nuestro alrededor todo era rentado o prestado. Los acreedores nos perseguían.

Mi padre decidió poner un alto a eso. A todos nos dolió, pero ahora se lo agradezco.

El primer paso y el más triste fue destruir las tarjetas (aún recuerdo la ceremonia con las tijeras), dejar de pedir préstamos y vivir sólo con lo que realmente era de nosotros.

Significó dar un salto mental. Aceptar que éramos pobres, que debíamos renunciar al nivel de vida que teníamos (imaginario) y retroceder. Retraernos en actividades sociales y dejar de gastar.

El impacto psicológico de algo así es tan abrumador que simplemente muchas personas nunca pueden hacerlo. Por eso siguen poniéndose más y más piedras encima.

Pagar nuestras deudas fue como romper lianas de acero; requirió un verdadero sacrificio para mi familia. La palabra "disciplina" es poco. El término "apretarse el cinturón", se queda corto. Duele más de lo que te imaginas. Mi padre marcó la pauta, pero no estuvo solo. Mis hermanos, mi madre y yo lo apoyamos.

Así comprendimos otro de los fundamentos del dinero:

El ascenso económico *se logra en familia.*

No es posible tapar un hoyo mientras alguien más destapa otro. Se tiene que trabajar en equipo.

Lo peor que puedes hacer es caminar sin el apoyo de tu gente amada, viviendo con dinero ajeno. Eso es una ilusión que tarde o temprano te llevará a la quiebra.

La riqueza puede convertirse en un juego de apariencias. Es mejor tener mucho y no decirlo, a tener poco y ostentar.

Nunca trates de hacer creer a otros que puedes gastar más de lo que posees.

Evita insistir en un estilo de vida superior al de tu capacidad.

Aunque se te haya atorado la píldora en la garganta haz un esfuerzo y deglútela ya: *No te endeudes más*.

Si usas tarjetas de crédito, paga el saldo completo, para no generar intereses, al final de cada mes.

En un seminario financiero al que asistí alguien protestó:

—Si "deber dinero" es tan malo ¿entonces por qué las grandes corporaciones emiten bonos y certificados de deuda? Es sabido que piden prestado para crecer más.

—Es cierto —concedió el experto—. Pero existe una diferencia: Los consorcios que se endeudan lo hacen para inyectar dinero líquido a una maquinaria perfectamente funcional que genera utilidades más altas a los intereses que pagan por sus deudas. Si tú has creado un sistema comprobado, que produzca beneficios económicos enormes con dinero ajeno, adelante. Pide prestado, crea riqueza y paga tus deudas después, pero nunca olvides que aún las empresas más sólidas se han ido a la quiebra cuando algo ha fallado (y muchas cosas pueden fallar) mientras debían dinero.

Así que ya basta.

Haz partícipes a los demás miembros de la familia sobre tus problemas económicos y pídeles ayuda.

Ha llegado el momento de salir del hoyo.

¡Ahorra de verdad!

¡Gastándote todo lo que ganas, jamás superarás la depresión económica!

Tal vez digas: "apenas gano lo suficiente para vivir, ¿cómo quieres que ahorre? La respuesta es simple: ¡*Haciéndolo!* Asimílalo de una vez. Quien gana "cien", puede ahorrar "diez" y quien gana "diez" puede ahorrar "uno".

Guarda con determinación absoluta un porcentaje de tus ingresos e inviértelo a largo plazo con interés compuesto. Es un método seguro. Sin embargo, ya no existe el milagro de la multiplicación espontánea que producían las altas tasas de interés.

Aunque ahora debemos aprender formas de inversión más sofisticadas, la única verdad del ahorro es ésta: Para tener más debes producir más y guardar más. Tu cuenta bancaria no crecerá a menos que le sumes un poco cada quincena.

Así que…

TE DESAFÍO

A quitar piedras de tus tobillos.
A liberarte de tus deudas para siempre.

A vivir por debajo de tu nivel de ingresos.

A guardar un porcentaje de lo que ganas cada mes.

A ostentar menos y ahorrar más.

A decidirte a pagar el precio para convertirte, de una vez, en una persona económicamente estable.

La ilusión de comprar a crédito ha ocasionado millones de ruinas económicas. Pero no es el único espejismo. Existen varios mitos sobre el dinero que funcionan como rocas atadas a tus tobillos.

Camino a la libertad financiera, si deseas correr con agilidad, revisa con cuidado los siguientes mitos y córtalos de tu mente cual si fueran cuerdas que te han sujetado en el ayer...

Siempre me han gustado los artículos que "desenmascaran" mentiras, del tipo:

MITO:	Tu esposa es un ser dulce y maravilloso.
VERDAD:	Es sólo una versión más joven de tu suegra.

Los leo con avidez, porque me hacen pensar que he vivido engañado (y al fin un autor más inteligente que yo me quita el velo de los ojos). Pero después de analizar la forma de estos artículos he aprendido que se trata sólo de un estilo literario más, útil para captar la atención del lector. ¿Es decoroso? Sí. Según Oscar Wilde, no hay libros morales o inmorales, sólo los hay bien y mal escritos.

Hoy me apetece explorar contigo otras usanzas del lenguaje para derribar juntos algunos mitos respecto al uso del dinero.

Espero no parecerte muy inmoral.

> **MITO**: A los luchadores de sumo les aprieta el calzón.
>
> **VERDAD**: Ya se acostumbraron.

¿Alguna vez has visto un concurso de hombres fuertes que jalan camiones con los dientes, o la danza de dos luchadores de sumo?

—¡Hay gente muy grande y fuerte! —comentó mi hijo, asombrado frente al televisor—. ¿Pero no les aprieta el calzón? —Me eché a reír.

—Tal vez —le contesté—. ¿Y eso qué importa si eres capaz de levantar un trailer?

Muchas personas con el potencial para ser capitalistas, no lo desarrollan porque que piensan que el "calzón" de los ricos es muy apretado. Enfocan su mente en lo molesto que debe ser dirigir empleados, perder la privacidad, preocuparse por la bolsa de valores, vivir rodeado de guardaespaldas, ser perseguido por inspectores de Hacienda o no poder escaparse los viernes con sus amigos del barrio.

Quizá no has crecido porque te has enojado con quienes tienen más, adoptando ideas comunistas, improcedentes e insostenibles en nuestra época.

Para ser campeón de algún deporte debes estudiar a los grandes campeones, imitarlos y desear ser como ellos. Si anhelas tener más dinero, debes dejar de odiar a quienes lo tienen y analizar sus estrategias.

Deja de dar evasivas tontas. No te acostumbres a las piedras ionizadas y lánzate a la conquista. Claro que tiene sus inconvenientes ser alguien millonario, pero, descuida; cuando lo seas, te acostumbrarás (dicen que los ricos usan calzones de seda).

> **MITO:** Si me quieres de verdad, préstame a tu hermana.
>
> **VERDAD:** Se te zafó un tornillo. Jamás me la devolverías.

Visualiza esta escena:

Juanito, pide hablar contigo. Crees que te quiere a ti, pero no. (Quiere a tu hermana). Accedes a escucharlo y él te cuenta una historia dramática. Cuando tu corazón se ha ablandado, te suelta el zarpazo. ¡Necesita dinero prestado!

Aprietas los labios y mueves la cabeza.

Antes de que logres decir algo, Juanito te suplica misericordia. Al final sacas tu chequera. Eso sí, le adviertes que confías en él y que no puede fallarte en devolverte el dinero. Juanito, con lágrimas en los ojos, jura que te pagará centavo tras centavo.

¿Te suena familiar?

Espera. La historia no ha terminado.

Juanito está agradecido contigo, pero después de unos días ya no te ve igual. Te has convertido en su cobrador (a). Sin quererlo, ahora te mira como una persona codiciosa, deshumanizada y explotadora de pobres que quiere quitarle dinero.

Compliquemos el ejemplo. Imagina que Juanito es tu cuñado o tu hermano y asisten juntos a la reunión familiar de fin de año. Él se muestra evasivo, no puede saludarte con soltura ni darte un abrazo sincero. Tú también sientes incomodidad. En secreto te preguntas cómo tiene el desparpajo de ir a la misma fiesta y no pagarte lo que le prestaste. Sin querer lo consideras un malagradecido. Los dos se sonríen diplomáticamente, pero le han puesto un precio a su relación. Algo que antes era invaluable, ahora vale el monto de aquel cheque.

¿Quieres ayudar a alguien en problemas? Dale trabajo. Cómprale los productos que vende, enséñalo a ganarse el dinero honradamente y en el último de los casos, hazle una donación.

Versa un dicho "para conservar a un amigo, mejor dinero dado que prestado".

¿Por qué te sientes feliz cuando donas recursos a un asilo u orfanato? Porque no quieres que esos huérfanos te paguen cuando crezcan ni que los ancianos te inscriban en sus testamentos. Tu apoyo no les amarra una piedra ni los hunde más.

Practica la generosidad, pero *nunca prestes dinero*. Entiéndelo. No prestes dinero a tus empleados, ni a tus amigos, ni a tus cuñados, ni a tus hermanos ni a tus papás… ¿Te quedó alguna duda? Lo diré más sencillo: *No prestes dinero jamás*. Punto.

Prestar es el negocio de los bancos y usureros.

Existe un acto de perversidad implícito en el hecho de prestar dinero. El prestamista se convierte en amo de la persona a quien le presta y el que recibe dinero prestado se vuelve esclavo del prestamista. Es una ley. Así que sólo si tienes una siniestra sed de poder, deseas aplastar a "Juanito" y no te interesa en lo absoluto tu relación amistosa o afectiva con él, préstale dinero.

Por otro lado ¿quieres recuperar una amistad que perdiste porque no te pagó un préstamo? Háblale por teléfono y dile que la deuda está saldada y ya no te debe nada. Yo voy a hacer lo mismo. Sé que jamás lograré recuperar aquellos cheques, pero sí me gustaría recuperar a mis amigos.

También seguiré mi consejo y me negaré a prestar (mis dos hermanas ya no están disponibles).

MITO: Si no me prestas a tu hermana, préstate tú.

VERDAD: Eres un degenerado.

Cuando mi padre comenzó a ser capitalista, tuvo que aprender a defenderse. Esta es una carta que él escribió a un amigo. Yo la encontré entre sus cosas siendo muy joven, y le saqué una copia.

Vale la pena leerla.

Compadre:

Ya no puedes pedirme dinero prestado otra vez. Lo sabes. Me debes mucho. ¿Ahora quieres que firme como tu aval porque vas a comprar un departamento a crédito?

Cuando me lo planteaste dije que sí de inmediato, porque soy tu amigo y quiero echarte la mano.

Pero, sólo por curiosidad, le pedí opinión a un abogado y llamé al buró de crédito.

¿Sabes qué me dijeron?

Que cuando una persona compra un inmueble hipotecado compromete su posición crediticia, jurídica y penal. Al mismo tiempo, el aval se hace deudor solidario con esas implicaciones.

Compadre, supongamos que yo acepto convertirme en tu garantía y por azares del destino te atrasas en tus pagos; entonces seré boletinado en el buró de crédito y eventualmente se cancelarán mis propios préstamos personales.

Pensando que te pongas al corriente en tus mensualidades, de cualquier manera, por haberte atrasado, mi nombre quedará marcado por varios años. Si por otro lado, te vieras imposibilitado en seguir pagando, el problema rebasaría esos terrenos y se volvería un problema judicial que yo sería responsable de atender. Mis abogados (no los tuyos) tendrían que contestar la demanda penal por fraude; yo comparecería, trataría con los judiciales y firmaría la dación del departamento en un juicio.

Claro que es muy difícil que todo esto ocurra, pues tú eres una persona seria que siempre responde ante sus deudas y compromisos. Eso lo dije a mis asesores y ellos me contestaron con un contundente sentido común: La hipoteca es por muchos años; aunque me vaya a vivir a otro país, tanto yo como mis descendientes estaremos ligados a una obligación hipotecaria (tuya) que en realidad no adquirimos, pero de la cual somos 100% responsables.

¿Qué más te puedo decir? La conclusión es fácil de sacar e innecesaria de escribir.

Te mando un abrazo.

El negarte a firmar como aval no es una recomendación tajante ni absoluta. A veces, evaluando con cuidado los riesgos y la persona de quien se trata puedes aventurarte a hacerlo, siempre consciente de que tal vez termines pagando la deuda completa de tu amigo o familiar[22].

Recuerda que no debes tomar decisiones importantes sin pedir asesoría; eres una persona más cotizada si tienes a quien preguntar. Mi papá contó con esos elementos claves para decidir. Con el paso de los años comprobamos que hizo lo correcto, pues su compadre perdió el departamento hipotecado y terminó en la ruina. Nosotros no.

> **MITO:** Un avión italiano se reconoce por los pelos debajo de las alas.
>
> **VERDAD:** No lo rasuraron porque se acabó el agua.

El contenido de tu tinaco tiene un límite. A menos que repares esa gotera, te quedarás sin agua y no podrás rasurarte.

Tapa los agujeros por donde se escapa el dinero.

O lo que es lo mismo "cuida tus centavos, que tus pesos se cuidarán por sí solos".

No caigas en la trampa de tiendas departamentales que te ofrecen bonos cuando compras a plazos. Los dueños de esos macro comercios han confesado que vender productos es sólo un medio que les permite hacer su verdadero negocio: Prestar con altos intereses.

Cierra todas esas llaves.

Antes, alguien que mostraba en su cartera diez tipos de tarjetas de crédito distintas, se creía un magnate adinerado. Hoy se puede sospechar que debajo de la ropa es un sujeto lleno de pelos, (como orangután), porque se le acabó el agua del tinaco.

¡Tapa esa gotera! Si usas tarjetas de crédito, cubre el saldo completo al vencimiento. No te permitas generar intereses. Cuando vayas de compras paga con tarjeta de débito, o mejor aún, con efectivo. Contar billete tras billete en el mostrador es mucho más doloroso que dar un "tarjetazo".

Si traes contigo dinero en efectivo jamás te excederás en gastos.

¿Y si te encuentras a un asaltante?

Con mayor razón será bueno.

Los ladrones no aceptan tarjetas y cargar con unos cuantos billetes podría salvarte la vida.

MITO: Siempre que tengas deseos de orinar, debes hacerlo.

VERDAD: ¡Por favor, espérate a llegar al baño!

Claro que te apetece comprar ese carro nuevo y viajar a Europa (así asombrarás a tus cuñados), ¡pero espera! No es el momento.

Un amigo recién casado me visitó, lleno de angustia para contarme como su esposa le exigía más lujos.

—¡Mi negocio apenas va comenzando! —me dijo—, y el dinero que gano lo reinvierto. ¡Ella no comprende eso!

Fui a la computadora e imprimí una anécdota de mi colección. Se la mandé a la esposa de mi amigo.

En el viejo oeste tres vaqueros iban atravesando el desierto. Dos de ellos se quejaban de tener mucha hambre. El tercero, no. Cuando llegaron al pueblo, fue él quien se sentó con más avidez a disfrutar del plato de guisado. Sus dos camaradas se burlaron: "¡Dijiste que no tenías hambre y mira ahora cómo te devoras la comida". El vaquero contestó: "Cuando estábamos en el desierto no podía darme el lujo de tener hambre." "¿Por qué?" cuestionaron sus amigos. Y él respondió: "¡Porque ahí no había comida!"

¡Esa es la mentalidad de un capitalista! No grita que tiene deseos de ir al baño a media carretera, pero al llegar a la gasolinera, siempre aprovecha y disfruta la ocasión.

Cada año te llegará el momento de vender la cosecha de tu trabajo. Hazlo con alegría, pero el resto de los meses, no te comas las semillas que debes sembrar.

En pocas palabras: ¡Aprende a aguantarte las ganas!

> **MITO:** Si la montaña no viene hacia ti, ve hacia ella.
>
> **VERDAD:** Si viene hacia ti, corre porque es un derrumbe.

Un famoso escalador recibió la invitación del gobierno para dirigir dos excursiones juveniles. Aceptó. Después de la primera se dio cuenta de que su costo fue demasiado alto y la retribución muy pequeña. Cuando realizó el otro recorrido, bajó el costo: no se angustió tanto, dedicó menos tiempo y disfrutó la aventura. Ganó la misma cantidad de dinero en ambas excursiones, pero hizo un mejor negocio en la segunda.

Para escalar grandes montañas vale la pena que pagues un costo alto (de trabajo, estrés, recursos, o esfuerzo), sin embargo, algunas montañas no precisan tanto. A otras, de plano hay que huirles.

Piensa siempre en términos de *costo – beneficio*.

Un **buen negocio** es toda actividad en la que obtienes beneficios mayores a los costos que aplicaste.

Si el proyecto promete mucho, invierte más que todas las personas y llega a la cima primero. Si de antemano sabes que los beneficios están topados, disminuye los costos y obtén lo mismo que otros, esforzándote menos. Si de cualquier forma perderás más de lo que ganarás, corre porque es un derrumbe.

> **MITO:** El que sonríe cuando está haciendo todo mal, es un optimista.
>
> **VERDAD:** Ya pensó a quien echarle la culpa.

Conocí a un tesorero que sonreía mientras robaba, porque ya había urdido un plan para defenderse si era sorprendido.

Los deshonestos siempre están pensando a quien culpar o qué excusa dar mientras se echan un lápiz ajeno a la bolsa.

Ten mucho cuidado de no hacer eso jamás. Cualquier falta se te puede perdonar, menos la deshonestidad.

No te cobres "a lo chino", aunque tu deudor se lo merezca.

Si te sorprenden tomando algo ajeno, aún en el supuesto de que consideres que eso te pertenece, te harás inmediatamente acreedor al calificativo de desleal.

¿Has sabido de empresarios deshonestos? No seas como ellos.

El verdadero capitalista trata el dinero y los bienes ajenos con pinzas. Es total, absoluta y categóricamente honorable.

Sé así.

> **MITO:** Jinetear un caballo ajeno te hará buen vaquero.
>
> **VERDAD:** El caballo ajeno te tirará y su dueño te perseguirá.

Si de todos modos vas a pagar, hazlo en el plazo indicado. Mejor un día antes que uno después. Evitarás recargos, sanciones, y lo más importante, te harás fama de honorable.

Jinetear el dinero ajeno te convierte en una persona desleal, y ya dijimos que eso es imperdonable.

Todos quieren cerrar negocios con la gente que paga bien.

Existen boletines en las cámaras de comercio con "listas negras" de los malos pagadores. El buró de crédito los tilda de poco solventes y llegan a ser calificados como indeseables.

La persona que jinetea el dinero ajeno por unos días, pierde mucho más de lo que gana. Pierde prestigio.

Si "las deudas de juego son deudas de honor", lo mismo digo para el ámbito de los negocios.

¿Recibiste un servicio o un producto?, no pongas pretextos para demorar el pago.

Conviértete en un buen pagador y enorgullécete de ello.

TE DESAFÍO...

A dejar de odiar a los ricos y comenzar a estudiar sus estrategias con la decisión de convertirte en uno de ellos.

A no prestar dinero.

A no firmar como aval.

A cerrar las llaves por donde se escapa tu dinero.

A cuidar el costo - beneficio.

A resistirte la tentación de comprar lujos a destiempo.

A conducirte con extrema honestidad.

A pagar siempre tus deudas antes del vencimiento.

Si te trazas metas específicas basadas en los conceptos que hemos estudiado hasta aquí, *comenzarás a ganar más dinero*.

Quizá te convertirás en una persona millonaria.

¿Y después, qué?

¿Dejarás de trabajar?

¿Te dedicarás a conocer el mundo?

¿Gastarás en lujos superfluos?

Ten cuidado.

Podrías perder la visión de tu propósito existencial.

A mí estuvo a punto de ocurrirme.

Desde el inicio de este libro te dije que los conceptos que expongo funcionan, pues los he aplicado en mi vida y los he visto operar, pero ahora quiero aclararte que *no soy millonario*. ¿Sabes a qué se debe la contradicción? A que aún conociendo las estrategias para generar riqueza —y haberlas comprobado de forma absoluta—, en los últimos años he tomado decisiones diferentes.

Voy a decirte algo que tal vez suene arrogante; ¡por favor no lo tomes así!:

He donado gran parte de mi dinero y ahora produzco sólo el que necesito dentro de mis parámetros personales.

No me fue fácil llegar a este punto. De hecho tuve que vivir un problema familiar enorme para lograr el equilibrio. Lo que sucedió en mi hogar no se lo deseo a nadie. Espero que comprendas el concepto con la simple lectura de los siguientes temas y así canceles la posibilidad de vivir una prueba similar.

El olor a medicamentos y la artificiosa pulcritud del lugar me produjeron malestar gástrico. Todo a nuestro alrededor parecía formar parte de una dramatización siniestra. Niños llorando, personas gimiendo, adultos con la mirada perdida; enormes filas de gente acongojada.

Nadie quería estar en ese hospital.

Ni pacientes ni doctores.

Y es que la naturaleza humana rechaza de manera instintiva la cercanía de enfermedades mortales. Es como acercarse a un precipicio muy profundo; el impulso de supervivencia nos obliga a ponernos en cuclillas.

Una madre apareció cargando a su pequeño de rostro pálido. Los agresivos tratamientos le habían hecho perder el cabello. Tendría escasos seis años de edad y estaba agonizando por un cáncer incurable.

Mi esposa me apretó la mano. Todos en la sala guardaron silencio cuando los vieron pasar. Luego, los murmullos reiniciaron poco a poco.

—Señor y señora Sánchez —dijo la voz hueca de una enfermera—, pasen por favor.

Saltamos del asiento.

El médico especialista que examinó a nuestra hija nos saludó de mano, pero se veía desanimado. Comenzó a explicarnos las anomalías óseas que había detectado en las piernas de la Princesa (así es como llamábamos a la niña). Nos habló del único síndrome degenerativo que podía causar algo así. El pronóstico era terrible: La niña perdería movilidad poco a poco, dejaría de caminar y tendría cambios drásticos en todo el cuerpo. Aunque podría recibir prótesis mediante cirugías reconstructivas, a fin de cuentas quedaría parapléjica y fallecería en pocos años.

Yo no tuve fuerzas para enfurecerme. Estaba abrumado hasta el paroxismo. Mi esposa en cambio encaró al médico:

—¡Debe haber un error!

—Señora, comprendo que me diga eso. Los padres de estos pacientitos pasan por una etapa de negación.

Ella se tapó los oídos con ambas manos y cerró los ojos para no llorar.

El médico suspiró.

—Pueden buscar una segunda opinión; diré a mi asistente que les dé los datos de otros especialistas.

—Gracias —murmuré.

—Lo siento.

Salimos del consultorio. Nuestra pequeña de ocho años estaba en la sala de espera. Se levantó, cojeando; de inmediato preguntó:

—¿Qué tengo, mamá?

—Nada —le dijo, abrazándola—, te pondrás bien.

—¿Papá? —me miró a la cara—, dime la verdad.

—Tienes el fémur derecho más grande que el izquierdo. Hay cambios extraños en tus articulaciones y en tu cadera. Puede tratarse de una afección degenerativa que está en proceso de investigación.

—¿Voy a poder caminar?

—¡Sí! —dijo su madre.

La niña volvió a mirarme de forma directa.

—Sí —confirmé.

Esa noche me la pasé observando al techo de la habitación, sin poder cerrar los ojos.

¡Era increíble que estuviera pasando eso en mi familia!

De vez en cuando todos nos enteramos de algún profesor *sui géneris* que vive en silla de ruedas o un niño desahuciado cuyos padres aparecen en televisión pidiendo ayuda. Eventualmente cierto conocido recibe la noticia de que uno de sus hijos tiene leucemia u otra enfermedad fatal, pero esos son casos lejanos, extraordinarios, fuera de nuestra intimidad.

—¿Estás despierto? —preguntó mi esposa.

—Sí.

Miré el reloj. Eran las cuatro de la mañana.

—¿Cómo puede pasarnos esto?

Encendí la luz del buró y la abracé. Su rostro estaba mojado por las lágrimas. Empapó mis mejillas.

—No te preocupes —le dije—, hallaremos la solución. En Alemania hay una clínica de investigación para estos padecimientos. Tenemos que confirmar el diagnóstico primero, y luego nos iremos a vivir allá si es necesario. Someteremos a la Princesa a todos los métodos curativos que existan. Voy a cancelar mis conferencias por los siguientes años y devolveré el anticipo que me dieron por escribir el nuevo libro. Invertiremos el resto de nuestros días para lograr que ella sane.

—Qué absurdo ¿no crees?

—¿Por qué?

—¡Teníamos una vida perfecta!, y ahora se ha desmoronado…

—Aún nos quedan recursos.

—Espera, Carlos. ¿No te has dado cuenta? Los recursos que tenemos son efímeros, temporales, prestados. Nada nos pertenece. Esta casa, tus libros, tu trabajo, nuestros hijos, nuestra salud. Todo es una ilusión.

—¿Por qué dices eso? Nos hemos ganado a pulso cada cosa que nos rodea.

—¿De veras lo crees? Estamos en un escenario desarmable, sostenido por alfileres… Podemos presumir que nosotros conseguimos todo, pero no es cierto. El equilibrio de la vida está suspendido en hilos que cuelgan de las manos de nuestro Creador y uno de ellos se rompió. Nosotros no hicimos nada para obtener tanta dicha ayer ni tampoco para merecer tanta desdicha hoy.

—¿Quieres decir que somos como marionetas de Dios? ¡No estoy de acuerdo!

—Trato de decirte que él es quien nos permite tener y no tener… todo es suyo y nos lo presta mientras así lo quiere.

—¿Entonces dónde quedan nuestros méritos? Logramos subir una escalera financiera con gran esfuerzo, y aún si caemos, nos quedará nuestra inteligencia y preparación. ¡Podremos seguir luchando!

—Carlos, no. Entiende. Tú y yo tuvimos oportunidades. Desarrollamos dones gracias a condiciones únicas. Nos lanzamos desde una plataforma maravillosa, pero Alguien nos puso ahí. Incluso tus facultades mentales son prestadas también, ¿no te das cuenta? En un accidente puedes perderlas de forma instantánea.

—Tranquilízate, amor —nuestra hija va a sanar, ya lo verás. Me dejo de llamar Carlos si…

—¿De qué hablas? ¡La Princesa fue campeona de ballet y de jazz! También participaba en gimnasia olímpica. Su elasticidad era sorprendente y ahora, ¡de la noche a la mañana, sin aviso, está siendo atacada por una enfermedad extraña! ¿Te das cuenta? ¿De qué nos sirve tu éxito profesional o tu prestigio?

Se me hizo un nudo en la garganta.

—Pues en circunstancias críticas todo sirve…

—¿Por qué insistes en hacerte el invencible?

Mi esposa tenía razón. Sentí cómo las lágrimas me llenaron los párpados. Estaba asustado, viendo que se acercaba la ola de un tsunami sobre mi familia.

Me puse de pie y caminé en círculos sin evitar el llanto. Luego volví junto a mi esposa y me puse de rodillas al borde de la cama. Ella se incorporó para arrodillarse junto a mí.

—¿Podemos orar?

—Claro —contesté.

Pero yo estaba tan afligido que no logré emitir una palabra. Fue ella quien habló. Sólo agaché la cabeza y le apreté la mano.

—Señor —dijo—, en esta madrugada queremos reconocer ante ti que todo lo que poseemos te pertenece. Perdónanos por haber sido tan ególatras creyendo que podíamos lograr la felicidad y el éxito con nuestras propias fuerzas. Dios, eres tú quien nos das el préstamo de vivir, pensar, soñar, crear, producir dinero. No nos habíamos dado cuenta de que nosotros en realidad somos sólo administradores. No dueños. Cuidamos un imperio, en el que tú eres el propietario. ¡Pero amamos mucho a los tres hijos que nos has prestado! No queremos verlos sufrir. No queremos que la Princesa esté inválida. Tú la dotaste de cualidades increíbles. Tiene un potencial enorme… Si la dejas crecer sana, sé que tanto nosotros como tú, nos sentiremos orgullosos de ella. Dios mío. El mal quiere arrebatarle su salud y su vida. Pero tú eres más poderoso que cualquier mal. Eres más sabio que todos los médicos de la tierra. De rodillas, te pedimos que hagas un milagro. Devuélvele a los huesos de nuestra Princesa su forma original. Detén este síndrome destructivo. Manifiéstate con poder en ella, porque ni mi esposo ni los doctores ni yo tenemos la capacidad de enfrentarnos a esto. Tú sí. Sabemos que puedes todo. No te hablamos para que intentes curarla. Te hablamos para suplicarte que quieras hacerlo...

Acabamos con la frente en el piso, empapando con nuestras lágrimas la alfombra de la recámara.

Seguimos así por varias horas.

Escuchamos sonar el despertador en el cuarto de los niños. Había que iniciar una nueva jornada.

Fuimos a lavarnos la cara y salimos fingiendo entusiasmo para ayudar a nuestros hijos a alistarse.

La Princesa cojeaba aún más esa mañana. Se veía peor que nunca.

Entonces comprendí una de las verdades más importantes del dinero:

Lo invaluable no se puede comprar.

La salud, la vida y las relaciones afectivas en una familia tienen una cotización que sobrepasa el monto de cualquier cuenta bancaria.

En nuestro afán por conseguir riqueza económica podemos perder de vista los verdaderos valores que nos rodean.

Estoy seguro que ya has escuchado esto antes y en el afán orgulloso de suponer que lo sabes, puedes bloquearte, pero no lo hagas. Conéctate ahora y piensa en lo que estás haciendo mal al respecto:

Quizá alguien cercano chocó el automóvil de tu casa, perdió tarjetas de crédito, estropeó ropa, descompuso aparatos caros, rompió floreros o provocó cortos circuitos; y te has enfurecido gritando que tú "sí cuidas las cosas", "sabes lo que cuesta ganar el dinero" y no soportas ese tipo de mermas.

Muchos cónyuges se pelean a muerte porque alguno de ellos cometió errores en el ámbito financiero.

Tal vez has participado en pleitos sobre temas económicos y combinaste tus razones con insultos y amenazas. Entonces perdiste lo más valioso, defendiendo números.

¡Reacciona! La relación que tienes con tus hijos, tus padres, cónyuge o hermanos es inestimable; no podrías comprarla ni venderla; deja de ponerle precio.

Recuerda la ley del costo-beneficio.

Ya sabes que un buen negocio es aquel que te da mayores ganancias a largo plazo, que los recursos invertidos.

Al perdonarle una deuda o error económico a tu familiar, sólo pierdes dinero; en cambio ganas a tu ser querido.

Hay personas que se alejan de todos sus valores máximos en busca de riquezas. Contraen "la fiebre del oro" y muchas veces terminan sepultadas bajo una mina estéril.

Que no te suceda lo mismo.

Ningún cheque, sueldo o ganancia vale lo que estás perdiendo en bienestar emocional, espiritual y físico.

Muchos de los judíos que vivían en Polonia tuvieron tiempo para huir antes de la hecatombe. Pero no lo hicieron, según leí en un libro de historia, porque la mayoría de ellos tenían un piano. Y amaban mucho a su piano. ¿Cómo iban a irse dejando abandonado lo que tanto valoraban?

Defender los bienes materiales puede ser un pésimo negocio.

No te aferres a ellos.

Además, ni siquiera son tuyos.

Tampoco enloquezcas por conservar a las personas que amas. Aún ellas, con su valor inestimable, no te pertenecen.

Comienza aceptando que cuando te mueras, dejarás aquí todo lo que llamabas tuyo.

Rompe el error de semántica y ve las cosas como son:

Si no puedes conservar algo, entonces en estricto derecho no te pertenece.

Reorganiza los principios que rigen tu existencia.

Tu cónyuge necesita que te vuelvas de verdad su *ayuda idónea*. Tus hijos claman por dirección y consejo. Tus amigos te piden palabras de aliento. La gente desconocida anhela tus actos de amor.

Muévete con rapidez para prosperar, pero sin perder nunca la perspectiva de para qué lo haces.

Yo tenía una obligación como padre de la Princesa:

Tocar todas las puertas posibles del laberinto, abrirme camino llevándola en brazos hasta el frente de la fila en el mundo de enfermos y lograr que fuera atendida con lo mejor posible, pero sobre todo, hacerlo sin dejar de rogar por un milagro.

Durante los siguientes días aprendí lo que significa el mandato de "orar sin cesar", lo hice mientras manejaba el coche, caminando entre la gente, consultando especialistas, marcando el teléfono, despierto y dormido.

Mi esposa y yo escribimos una lista de personas conocidas que podían darnos alguna orientación. Las visitamos a todas.

En nuestra intensa búsqueda, llegamos a una fundación creada por dos parejas que habían tenido hijos con el mismo síndrome. Uno de los pacientes había muerto a los diecinueve años de edad. El otro era una mujercita de veinticuatro que se había encorvado, perdido el habla y la capacidad de comunicarse. Usaba un extraño sistema de señales con los párpados. No quise conocer a esa chica de manera personal, pero incluso ver sus fotografías me pareció espeluznante. Imaginé que eran imágenes exactas de mi hija en un futuro cercano y sentí terror.

Los directores de la fundación trataron de darnos ánimo.

Aunque al principio me negué a escucharlos, con el paso del tiempo aprendí de ellos.

Recuerdo algunas de sus conversaciones.

Nos dijeron:

—Si nuestros hijos no hubiesen sufrido ese mal, jamás hubiésemos creado esta fundación de ayuda. Ahora, hemos logrado unir fuerzas con otros grupos internacionales y estamos presionando a los gobiernos a que destinen más recursos económicos para la investigación. Han surgido nuevos medicamentos con buenos resultados en las etapas de prueba. Se han creado asociaciones para ayudar a enfermos de otros padecimientos. Miles de parejas han sido salvadas de crisis depresivas y problemas conyugales derivados de enfermedades que han entrado a sus casas. Hemos conseguido dinero para construir clínicas de especialidades y hemos tendido la mano a gente moribunda. Muchos se han salvado. Otros han muerto con dignidad, en medio de un ambiente amoroso. Cuando analizamos los resultados, le damos gracias a Dios porque permitió que nuestros hijos fueran los catalizadores de tantas cosas buenas.

Hoy he comprendido que con todos los tesoros del mundo no podemos comprar ni un solo minuto de vida. Tampoco nos es factible negociar con el Creador, brindándole lo que tenemos en medio de la enfermedad, pues cuanto ingenuamente le ofrecemos, de antemano le pertenece.

Deja de aferrarte a los bienes...

Mi esposa y yo sufrimos un verdadero desgarramiento espiritual al comprender que debíamos soltar a nuestra hija y permitir que Dios hiciera su voluntad en ella.

Nada cuesta más trabajo que abandonarte en los brazos de un Padre espiritual a quien ni siquiera puedes ver, cuando antes suponías que lo tenías todo y no necesitabas de nadie...

TE DESAFÍO...

A reconciliarte con tus seres queridos de quienes te has alejado por problemas de dinero.

A administrar con sabiduría lo que se te ha prestado.

A soltar tus bienes cuando te sean pedidos.

A reconocer que el dinero no te pertenece ni te sirve para comprar vida.

A humillarte ante el verdadero dueño de todas las cosas.

No dormimos durante varios días.

Aprendimos a caminar y seguir luchando, no en nuestras fuerzas, sino en las del Poder superior.

Cuando estábamos a punto de desfallecer recibimos una llamada telefónica con carácter de urgente.

Era el médico de la Princesa. Nos dijo que los últimos estudios de la niña habían arrojado resultados contradictorios.

—¿Está mejorando? —pregunté ansioso.

—No —contestó—, por el contrario; ha habido cambios extraños. En realidad estoy preocupado. Tienen que venir a ver esto.

Corrimos al despacho del doctor.

fortalece sólo a gente noble

El médico parecía ofuscado.

—Observen esta placa —nos indicó—, la deformación se ha retraído un poco. Los huesos tienen otras medidas. ¡Pareciera que estuvieran volviendo a su posición correcta, pero a cambio han aparecido estas manchas! No me gustan. Podrían ser indicios de cáncer óseo o de osteoporosis infantil aguda. Tendremos que iniciar una nueva serie de estudios.

Salimos del consultorio envueltos en una mayor oscuridad.

Camino a casa, no hablamos. Ambos íbamos orando "sin cesar" entre dientes. Habíamos aprendido a movernos con rapidez, pero sin dejar de pedir un milagro *cada* segundo de *cada* día.

—Necesitamos comprar algunos comestibles —dijo mi esposa como esforzándose por continuar viviendo con normalidad—, ¿te molesta si nos detenemos en el mercado?

—¿No prefieres ir al centro comercial?

—¿Para qué gastar en exceso? Quién sabe qué nos depare el futuro.

El bazar ambulante era más barato.

Asentí.

Estacioné el auto. Al bajar, pasó por mi mente la idea de buscar algunas infusiones naturistas que pudieran ayudar a mi hija.

159

Estaba desesperado.

Caminamos entre los pasillos de puestos improvisados sobre la calle insalubre. Decenas de vendedores, gritando al mismo tiempo, nos ofrecían fruta partida, tacos de guisado, aguas frescas y otros productos con frases repetitivas.

—Güerita, pásele por aquí, mire, sin compromiso, mire, marchantita, mire, pura calidad.

Comenzamos a comprar. En efecto, todo era más económico que en la tienda de autoservicio. De pronto escuché música conocida. El recuerdo infame de la enfermedad de mi hija volvió a abrumarme. A todo volumen, a escasos metros de distancia sonaba el último disco de su artista favorito. Me adelanté y pregunté el precio. ¡Estaba un 80% por debajo de su valor! No me sorprendí. Era un disco pirata.

Pensé que en épocas de crisis siempre es prudente ahorrar dinero sin abstenerse de ciertos lujos, así que compré el disco para mi niña.

En el puesto adyacente vendían software. Era muy tentador ver las últimas versiones casi regaladas. Más adelante había herramientas chinas más baratas e incluso refacciones originales de coches a mitad de precio. También pasé por varios puestos de teléfonos celulares. Pensé que a mi pequeña le daría mucho gusto recibir uno como regalo. Así que me detuve.

—¿Puede mostrarme ese aparato?

El vendedor lo limpió con la manga de su camisa y me lo dio. Tenía una vieja calcomanía de Snoopy.

—¿Es usado? —pregunté.

—Claro, "mi buen". Aquí los recibimos a cambio. Pero si quiere le ofrezco nuevos. También tengo.

Mi esposa me alcanzó. Le expliqué mis intenciones. No estuvo de acuerdo. A su parecer el gasto era innecesario.

—¡Este celular es una ganga! ¿Te imaginas lo feliz que estará la Princesa cuando se lo demos?

—¿Y funciona?

—Claro, güerita —intervino el vendedor—, está garantizado.

Mi esposa no se sintió cómoda comprándolo, pero lo hicimos. Le ayudé a cargar las bolsas y terminamos de adquirir la comida que faltaba.

Cuando estábamos guardando todo en la cajuela me llevé una terrible sorpresa. ¡Le habían robado los espejos retrovisores y los tapones de las llantas a nuestro coche!

Me enfurecí. Di un golpe con la palma abierta al cofre y giré la cabeza buscando algún sospechoso.

Pregunté a la gente cercana. Nadie vio nada. Busqué a un policía. El guardián de la ley se encogió de hombros y nos dijo que eso pasaba con frecuencia.

—¡Ahorramos en unas cosas y perdimos en otras! —refunfuñé.

Subimos al auto y cuando quise echarme en reversa me di cuenta que en verdad necesitaba los espejos. Me bajé, di un portazo dejando a mi esposa dentro. Caminé con rapidez hacia los puestos de refacciones usadas. Si no encontraba el modelo exacto les adaptaría otro provisionalmente.

¿Puedes imaginarte lo que sucedió? ¡Casi resulta evidente! Ahí estaban, sobre la mesa los tapones de mi auto y mis espejos recién robados.

Con voz temblorosa pregunté cuánto costaban. Me dieron el precio. Ahora comprendía por qué todo era tan asequible. Tuve el impulso de reclamar, exigir lo que era mío, pero me detuve a tiempo. Vi alrededor. La escena se movió ante mis ojos como en cámara lenta. En esos rostros "amigables" que pugnaban por vender mercancía ilegal había miradas mezquinas y arrugas de perversidad. Observé todo en blanco y negro. Detrás de los vendedores, otros hombres vigilaban. Detecté a uno con lentes oscuros que susurraba instrucciones en *walkie talkie*.

Al lado vendían libros. De inmediato identifiqué varias portadas conocidas: Juventud en éxtasis, Un grito desesperado, Volar sobre el pantano, La última oportunidad. El papel se veía de mala calidad y la impresión difusa, pero una nota en rojo anunciaba el precio. ¡Menos de la mitad de lo que costaban en una librería!

¿Cómo fue que minutos atrás no me di cuenta de nada de eso? Familias enteras pasaban por ahí adquiriendo artículos ilegales.

De pronto un tipo malencarado, se me acercó por la espalda. También traía *walkie talkie*. Me preguntó con aspereza:

—¿Vas a querer los espejos, o no?

Era innecesario conversar con él. Ambos sabíamos quienes éramos.

—Los voy a querer —susurré—, pero no los pagaré. Así que dámelos si no quieres que regrese con la policía.

—No me amenaces, imbécil —se acercó a mi oído—, ni te hagas el valentón —pude sentir que me presionaba el vientre con algo puntiagudo que traía dentro de la bolsa de su chamarra—, mejor lárgate.

Di un paso atrás.

El hombre estaba armado.

Me tropecé con una señora al girar para correr hacia mi coche. Pedí disculpas y seguí avanzando. ¿Cómo pude dejar sola a mi esposa? Seguí corriendo. Al fin llegué hasta ella. Estaba bien, pero su rostro cambió cuando me vio llegar.

—¿Qué te pasó?

—¿Dónde está el policía?

—Por allá.

—Espérame un minuto.

Fue fácil hallar al vigilante. Se hallaba haciendo señas con la mano a un automovilista que estaba saliendo del estacionamiento.

—Oiga —le dije—, encontré los espejos y los tapones que me robaron. Los tienen a la venta. Cuando reclamé, un sujeto se acercó por mi espalda y me amenazó con una pistola. Necesito su ayuda. Acompáñeme, por favor.

—No, señor, tengo familia.

—¿Qué está diciendo? Yo también la tengo, pero el trabajo de usted es protegernos de los maleantes, no ayudar a estacionar coches.

—Lo siento. Esos tipos son una banda poderosa.

—Pues pida refuerzos.

Movió la cabeza. Me sentí impotente. Regresé al coche. Le pedí a mi esposa el teléfono celular y el disco que compré para la Princesa.

—¿A dónde vas?

—A deshacerme de esto.

—No te entiendo.

—Luego te explico. Por lo pronto, enciérrate bien.

¿Recuerdas la definición de *prosperidad*?

Es el bienestar material y emocional, producido por la consecución de proyectos nobles. (Noble es lo relativo a honroso, estimable; contrapuesto a deshonrado y vil).

Perdona que lo repita, pero así no perdemos de vista nuestro objetivo inicial.

Una persona que se hace rica mediante negocios innobles, por definición NO es *próspera*. Es ***abusiva***, y la gente abusiva nos ocasiona una tercera parte de todos nuestros problemas en la vida.

Aunque nosotros no pertenecemos a ese tipo de individuos, de forma inconsciente les damos poder.

¿No lo crees?

Piensa. ¿De dónde han salido los narcotraficantes, guerrilleros, secuestradores o terroristas? ¡Todos ellos fueron alguna vez sólo jóvenes resentidos! ¿Cómo se convirtieron en monstruos? Muy sencillo: La diferencia entre un pillo andrajoso y el jefe de una banda criminal es *el dinero*.

El dinero fortalece.

Bríndaselo a una fundación de ayuda a los niños hambrientos y salvarás vidas. Dáselo a un vendedor de drogas y crearás una mafia imperial.

¿Por qué los creadores de pornografía, discos, libros o software pirata, son cada vez más poderosos y crecen como plaga? ¡Porque tienen dinero!

¿Y quién le da a unos y le quita a otros?

¡Nosotros!

Yo me ahorré unos centavos comprando mercancía de dudosa procedencia y con ello les di a los maleantes un poco más de fuerza. Sin ser malvado, contribuí a engrandecer la maldad que me aqueja.

Sólo si personas e instituciones que hacen el bien cuentan con recursos económicos vastos, existirá prosperidad colectiva. Por el contrario, si son los *abusivos* quienes tienen el dinero, el medio ambiente se teñirá de miseria.

Por eso debes cuidar muy bien a quién apoyas.

Cuando voy a los Estados Unidos, veo algunos productos mexicanos tratando de competir con los gigantes norteamericanos. Aunque en esas latitudes los artículos de mi país se venden muy caros, yo siempre los compro. Mis hijos me han reclamado:

—¿Para qué pagas tanto por eso, si lo puedes conseguir en México dentro de una semana, mucho más barato?

Y yo les contesto:

—¡Porque quiero apoyar a mis compatriotas empresarios, y la única forma de hacerlo es fortaleciéndolos con ventas legítimas!

A veces alguien me pide que le regale uno de mis libros. Le suplico que lo compre, o yo mismo lo hago para después obsequiarlo, porque la prosperidad verdadera se genera sólo cerrando el *ciclo de los negocios honestos*.

¿No pagas impuestos correctamente?

Muchos funcionarios corruptos se han llenado los bolsillos malversando fondos, ¡Es cierto!, pero no tomes eso como excusa para dejar de sustentar a las instituciones que *deberían* crecer.

Cuando comes en tu restaurante favorito, al final, recibes la cuenta. Aunque sospeches que el mesero pudiera quedarse de forma ilegal con el dinero, de cualquier forma, pagas. Cumples con tu deber.

En tu ciudad, consumes servicios a cada minuto. ¡Entonces paga impuestos de forma cabal! ¿Abrigas la sospecha de que alguien se robará el dinero? Ese no es tu problema. Sería muy doloroso que el país se fuera a bancarrota por causa de un fraude, pero sería peor que quebrara porque millones de ciudadanos como tú se negaron a aportar los recursos para fortalecerlo.

Lo mismo sucede en tu iglesia.

¿Crees que el cura o el pastor puedan robar los diezmos? Ese tampoco es problema tuyo. Sería terrible ver a tu congregación caer por culpa de un estafador, pero sería más terrible dejar morir la obra que se hace en ese lugar porque gente malagradecida como tú, va a comer todos los domingos una vianda espiritual y no le da la gana brindar sus ofrendas. Tal vez digas en este contexto: "Dios no necesita mi dinero" y ¡así es! Él no lo necesita, pero toda la gente que trabaja para él, y que debe mantener su obra, sí.

Además, existen decretos espirituales que influyen en el plano material; según las leyes establecidas cuando das tus diezmos y ofrendas, propicias una polaridad magnética a tu favor que te atraerá mayor prosperidad. Yo conozco a un hombre de negocios que no es religioso ni se aparece jamás por los templos, pero envía cada mes un cheque a la iglesia; aunque no lo creas (yo tampoco lo creía), el *negocio* le funciona; es acreedor en ese plano y de forma inexplicable llegan a su vida cada vez mejores ingresos.

Volví a los puestos del mercado.

Caminé con mucha cautela para devolver el teléfono y el CD. Dejé los productos sobre la mesa del vendedor. No quería ese material en mis manos y mucho menos en manos de mis hijos. Evité el riesgo de pedir mi dinero a cambio. Salí a toda prisa de la zona. Cuando pasé de nuevo frente a los libros piratas (ahora los delincuentes les llaman "clonados") vi cómo se vendían varios de mis títulos. El comerciante tenía cajas llenas detrás de él.

Enfoca los lentes y observa las cosas tal y como son.

Cuando compras material apócrifo debilitas a los autores que trabajaron por crearlo y fortaleces a una mafia de pillos plagiarios.

Un estudiante destacado me dijo un día:

—¿Por qué se queja, profesor? ¡Debería estar alegre! Así su mensaje llega a lo más recóndito.

—¡Patrañas! —le contesté—. Los libros y discos piratas son robados.

—Pero si yo *pago* un producto, me pertenece de forma legítima.

—¡Te equivocas!, pues ni pagaste lo que cuesta ni le pagaste al propietario.

—¿Y eso qué? Yo no lo sabía.

—A ver, no te confundas. Imagina que varios delincuentes entran a tu casa a mano armada y se llevan tus pertenencias. Ahora imagina que yo les compro a esos pillos todas tus cosas a mitad de precio. Como creo que estoy haciendo un gran negocio, les encargo más. Ellos se fortalecen gracias a mi dinero, se abastecen de nuevas armas y, vuelven a tu hogar para asaltarte, ahora con mayor crueldad. Yo los apoyo de nuevo comprándoles todo. Con el paso del tiempo ellos se convierten en una poderosa organización. ¡Eso es lo que tú haces cuando adquieres productos apócrifos! ¿Dices que el artículo es tuyo porque lo pagaste? ¡Déjate de sandeces! El hecho de que hayas pagado a un ladrón por un producto que él sustrajo, no te convierte en propietario de ese producto. Pregúntale a quienes, por error, llegan a comprar un carro usado que parece legal y en realidad es robado. Cuando la policía lo descubre, el comprador va a la cárcel y pierde el vehículo. Es así de simple. Quien, por ejemplo, adquiere el CD pirata de un artista que admira, se declara enemigo de su artista y cómplice de quienes lo están destruyendo.

—Entonces, ¿si yo compro un libro original ese dinero le llega al autor?

—Una parte muy pequeña, sí. Pero lo importante es que se cierra el ciclo de un negocio honesto: El monto que pagaste por el libro es repartido entre fabricantes de papel, diseñadores, formadores, productores, maquiladores, transportistas, administradores, y vendedores. Mucha gente *honrada* se gana a pulso su pedacito del pastel. Así funciona el capitalismo.

—¿Me podría dar números?

—Si ponemos el ejemplo de un libro cuyo precio al público es de doce dólares americanos[23] o su equivalente, la editorial lo vende al librero en poco más de seis y medio; sobre esa factura, el autor recibe, después de varios meses, alrededor de un ocho por ciento de regalías, es decir cincuenta centavos de dólar. Muchos lectores, como tú, se benefician de la investigación y creación que el autor realizó para escribir un libro, pero prefieren robarle a él y a todas las personas y familias que viven de ese trabajo, haciéndose cómplices del plagio del material y fortaleciendo a la mafia que lo está destruyendo. Lo mismo ocurre con la música y software.

—Nunca lo había visto así.

—Claro. Hay tanta ignorancia (para lo que nos conviene) que cuando la gente me pide que les autografíe libros piratas y yo me niego, me llaman arrogante. ¿Lo puedes creer?

—¿Pero entonces por qué las autoridades no acaban con el problema?

—El gobierno, tibio y corrupto, eventualmente realiza "operativos" superficiales castigando a los vendedores, pero no tiene el valor para acabar con los cabecillas ni con las fábricas, aunque con frecuencia sabe dónde están y quiénes son.

—¿O sea que los mercaderes del tianguis no producen la piratería?

—No. Lo hacen millonarios escondidos bajo sistemas sofisticados; tienen industrias clandestinas de material y contratan personas humildes a las que les pagan una cuota modesta para que vendan en puestos ambulantes haciéndoles creer que están acercando cultura barata al pueblo.

Luego llega gente lerda y compra los productos suponiendo que están ahorrando. Hay mucha ignorancia en el proceso que *beneficia a unos cuantos abusivos y arruina a toda la sociedad*. De ahora en adelante no permitas, no promuevas, no vendas ni compres piratería. Recházala. Denúnciala. Destrúyela.

Apoya con tu dinero sólo a la gente honesta.

Fortalece al indígena que elaboró a mano una artesanía.

Fortalece a la mesera que se esfuerza por servirte.

Fortalece al predicador que da su vida por difundir valores.

Fortalece la tienda que tiene los productos que usas.

Fortalece a las organizaciones altruistas.

Fortalece a los hombres y mujeres que se parten el alma haciendo lo correcto.

Tú no trascenderás en soledad.

Sólo lo harás a través de otros, engrandeciendo alianzas nobles.

Comienza a hacerlo.

Por eso…

TE DESAFÍO...

A pagarle con justicia a la gente trabajadora.

A no volver a comprar productos apócrifos.

A engrandecer a los grupos que hacen el bien...

A pagar impuestos.

A dar ofrendas y diezmos.

A brindar apoyo a los negocios dignos, generándoles ventas legítimas.

A debilitar a los malvados, ocasionando que sus negocios quiebren.

Tu apoyo es fundamental para hundir o levantar a otros.

Puedes fortalecer a los corruptos con dinero.

Puedes engrandecer a los traidores encubriéndolos.

Puedes exaltar a los majaderos festejándoles sus chistes.

Tus aplausos y palabras de aliento también brindan apoyo.

Fíjate bien a quién se lo das y a quién se lo quitas.

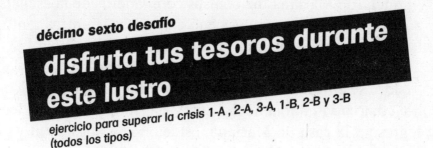

disfruta tus tesoros durante este lustro

ejercicio para superar la crisis 1-A , 2-A, 3-A, 1-B, 2-B y 3-B (todos los tipos)

Uno de los productores de televisión más importantes de Estados Unidos me llamó hace poco para que hiciéramos juntos un *talk show* constructivo, equivalente al Dr. Phil, en español. Nunca me imaginé que los casos a resolver podían ser tan complejos. El primero de ellos tenía un título terrible.

"Mi hija fue asesinada por su novio".

Los padres de la chica, estarían en vivo, frente a las cámaras. Revisé la investigación previa y no pude evitar que se me secara la boca.

Mariana de dieciséis años de edad. Fue una chica dulce, inteligente y hermosa. Estudiaba el bachillerato en los suburbios de Miami. Vivía con su familia en una casa humilde. Le gustaba cantar y bailar. Era la alegría del hogar. En muchos aspectos se parecía a mi Princesa. Tenía un futuro prometedor, pero todo se vino abajo cuando se enamoró de la persona equivocada.

Isidro era un joven posesivo. Solía tomar alcohol y aunque en ocasiones trataba a Mariana como una dama, en otras la intimidaba. Ella estaba confundida. Había muchas cosas que le agradaban de su novio, pero le atemorizaba verlo borracho. Así que decidió dejarlo.

Una tarde Mariana fue con sus compañeros de la escuela a un espectáculo. Después cenó con ellos. Mientras tanto, Isidro la buscó en su casa. La tía de Mariana le dijo:

—Ella no quiere verte más. Tiene un nuevo novio.

Isidro se enfureció. Fue a un bar y comenzó a beber alcohol como no lo había hecho antes. Después, loco de celos, regresó a la casa de Mariana, estacionó su automóvil y la esperó. Cuando ella llegó, él la saludó, le pidió que se acercara porque deseaba decirle algo. La niña lo hizo. Entonces sacó una pistola y le disparó.

La mamá de Mariana escuchó las detonaciones; salió corriendo de la casa y vio a su hija tendida en el suelo. Se puso a gritar.

—¿Qué hiciste? ¡La mataste!

Entonces el joven tomó el arma y se dio un balazo en la sien. Los dos muchachos quedaron muertos frente a la mujer.

Después de leer los testimonios y estudiar el espeluznante informe policiaco, me quedé helado. Entendí las palabras de Joaquín Blaya cuando me dijo:

—No necesitamos actores para escenificar dramas hipotéticos como hacen en muchos talk shows. La vida real es más conmovedora.

Se encendieron las luces y tuve frente a mí, a los padres de la chica muerta. Celia, de unos cuarenta años con el rostro demacrado. Juan José, poco mayor que ella, lleno de odio y frustración. Se proyectó un reportaje grabado de la familia. ¡Las imágenes del pasado mostraban alegría y paz!

¡Todos en esa casa se veían tan diferentes!

He llegado a la conclusión de que las condiciones de vida de los seres humanos se transforman en cada lustro.

Revisa la caja donde guardas tus videos familiares. Reproduce alguno de hace dos años; encontrarás muchas similitudes con el momento presente… Ahora analiza otro que date de hace cinco años o más; verás cómo surge la ley del lustro:

En cada periodo de cinco años cambian de manera sustancial nuestras condiciones de salud, trabajo, familia y madurez.

Hace cinco años, tu aspecto físico era otro, las personas a tu alrededor lucían diferentes, tus gastos e ingresos se modificaron; la ropa que usabas se notaba anticuada, las paredes estaban pintadas de otro color, los niños de la familia han cambiado de forma dramática y algunos ancianos de aquel video se han ido para siempre. Tu vida se ha modificado, por completo en esos cinco años. Ahora velo en dirección opuesta: Dentro de cinco años estarás en otra etapa. No cometas el error de suponer que la conformación de tu existencia es inamovible.

Quien alcanza la fama, por ejemplo, vive una etapa de oro que dura siempre alrededor de cinco años. En los siguientes cinco, recibe tal cantidad de críticas insanas y ataques envidiosos que su nombre se desgasta. En el próximo periodo igual (a menos que se reinvente por completo), las nuevas generaciones no lo conocen más.

Es la ley del lustro. No podemos abrogarla.

Una persona que fallecerá a los ochenta años de edad, cuenta exactamente con *dieciséis periodos* distintos, para disfrutar.

Carolina, la directora del programa casi me gritó por el audífono de monitoreo.

—Carlos ¡estamos al aire!

Mi mente volvió al estudio de televisión.

Carraspeé.

Las siete cámaras enfocaron la pequeña salita de entrevistas que estaba frente al teatro repleto de espectadores. Era intimidante. Todos acabábamos de ver un reportaje horrendo y a mí se me había hecho un nudo en la garganta…

—Di algo —insistió Carolina por el chícharo.

—A ver —le hablé despacio a los padres de Mariana—, su historia me ha impactado. Se supone que debo darles un consejo, pero les confieso que no sé qué decirles… Sólo se me ocurre exactamente lo contrario. Necesito que *ustedes* me den un consejo a mí… Yo tengo dos hijas adolescentes. ¿En qué debo estar alerta para evitar una desgracia como la que ustedes vivieron? ¿Qué señales negativas observaron en el novio de Mariana? ¿Qué focos rojos les hicieron sospechar del peligro?

La mujer respondió con timidez:

—Isidro no dio ninguna señal, se portaba de lo más cortés…

—Entonces —insistí—, ¿por qué Mariana quiso terminar con él? ¿Qué había en ese muchacho que a ella le *desagradaba*?

—Bueno, se emborrachaba con frecuencia.

—¡Odio a ese tipo! —interrumpió el papá, enfurecido—, Me robó lo más preciado de mi vida.

—A ver, Juan José. ¿Tú crees que si Isidro no hubiese estado borracho y no hubiese aprendido esos patrones de machismo, habría asesinado a Mariana?

—No…

—¿Qué haces para olvidar?

—Trabajo en exceso… y a veces me tomo una copita a solas…

¡Ahí estaba! Era la luz al final del túnel.

—Muy bien —le dije—, vamos a hablar claro. Ustedes dos están llenos de odio contra un tipo llamado Isidro. Se han enfocado en la maldad de ese joven y se preguntan cómo fue que se atrevió a hacer lo que hizo. ¡Pues en principio se equivocaron! ¡Él, de alguna forma, fue víctima también! De ahora en adelante no piensen nunca más que Isidro asesinó a Mariana.

—¿Entonces?

—El verdadero asesino tiene otro nombre. Se llama "alcohol y machismo". Es un homicida con dos caras que aún permanece vivo, ¡más vivo que nunca!, y está matando a muchas mujeres hoy en día, no de forma horripilante, como hizo con su pequeña, sino de forma lenta y dolorosa. Las personas somos incapaces de disfrutar cada lustro porque convivimos con asesinos como ese. ¡Tú mismo, Juan José, lo sigues dejando entrar a tu casa! ¡Despierta! Acabas de decirme que ahora trabajas en exceso y bebes licor. ¿No te das cuenta que tu esposa y tus otros hijos están muriendo por la misma causa? ¡Reacciona! Cuando tengas un vaso de alcohol frente a ti, háblale directamente y dile sin miedo: "infame, maldito, tú fuiste quien mató a mi hija", entonces tíralo a la basura y pregona por el mundo que la gente debe estar alerta. ¡Declárale la guerra a ese asesino con dos caras! No seas soberbio y acepta las nuevas circunstancias.

"Tu vida cambia en promedio cada cinco años. Ahora estás empezando una nueva etapa. Esfuérzate por vivirla mejor. Sé paciente, amoroso y dulce con tu familia. La vida se va muy rápido. Lo sabes por experiencia. En un parpadear, este nuevo lustro habrá terminado también…

Juan José permaneció en silencio. Estaba contraído y temblando como si hubiese caído sobre él un balde de agua helada.

—¿Qué debemos hacer, en concreto? —preguntó la mujer.

—Acepten que el período anterior terminó y enfrenten el nuevo con dignidad. Tú, Juan José, levanta a tu esposa. Ayúdala a superarse. Invítala a viajar. Gasta dinero y tiempo en ella. Hónrala como mujer. ¡Y tú, Celia, apoya a tu marido, respáldalo; hazle saber a tus otros hijos que valen mucho, que los amas y que tenerlos a ellos es suficiente para llenar el vacío dejado por Mariana!

"Donde quiera que ella esté, asegúrense de que se sienta en paz, orgullosa y feliz. No conviertan a esa chica inocente en una ladrona que se "robó" la alegría de su familia. Conviértanla en un recuerdo hermoso e inspirador. El lustro junto a ella se terminó. Ahora comienza otro. No lo desperdicien.

Hace años, un vagabundo falleció de hambre y frío.

Su cuerpo estaba frente a la catedral de San Patricio en Nueva York. Era invierno. El hombre vestía ropa andrajosa y apestaba. No se había bañado en meses. Cuando levantaron el cadáver, la policía encontró en los bolsillos interiores de su saco un paquete de documentos doblados. Eran contratos de inversión. Databan de veinte años atrás. Después de una cuidadosa búsqueda se supo que aquel vagabundo harapiento era millonario. Poseía una cuantiosa fortuna.

El caso es real. Se cree que el hombre perdió la razón en algún momento de su vida, pero también existen teorías sobre un síndrome psicológico de atesoramiento obsesivo del que pudo ser víctima.

Algunas personas lo sufren. Son incapaces de administrar, engrandecer y disfrutar su tesoro por temor a que se acabe; entonces lo meten a un cofre que entierran bajo toneladas de piedras, y viven como si no existiera.

De ninguna forma te estoy sugiriendo que gastes tus ahorros irresponsablemente; sólo te pido que saques tu cofre y comprendas que lo tienes (en este lustro), *para algo*… Habías guardado, y olvidado, riquezas no sólo económicas, sino familiares, físicas, emocionales, y espirituales.

Escuché por el pequeñísimo audífono de monitoreo la voz de Carolina.

—Carlos. Lee el mensaje del teleprompter.

Asentí. Dirigí mi vista a la pequeña pantalla que hacía las veces de cámara. Leí.

—Después de una pausa seguiremos hablando con los padres de Mariana, porque hay algo aún más grave que aún no hemos comentado… Juan José le pegó a su hija con el cinturón dos días antes de que ella muriera —volteé a ver al hombre—. ¿Es así?

Él abrió mucho los ojos. Insistí:

—¿Golpeaste a tu hija?

—Sí.

—Platicaremos de eso con más detalle.

Durante el tiempo de los comerciales Celia y Juan José se hundieron en sus sillas sin hablar. La razón por la que esa pareja no podía salir dignamente de su etapa anterior e iniciar una nueva, era *la culpa*. Ambos se sentían responsables por haber maltratado a su pequeña.

¿Has estado en distintos tipos de velorios?

Quizá recuerdes como en unos, la gente grita desesperada por la pérdida de su ser querido mientras en otros los deudos se despiden de su familiar serenamente.

¿A qué se debe la diferencia?

Una muerte duele más si tenemos la sensación intrínseca de que nos faltó hacer algo.

Recordar que tuviste actitudes groseras o frías con la persona fallecida, te hará sentir muy mal.

Los cabos sueltos que dejaste en el ayer, te ahorcarán en el mañana: Desacuerdos no aclarados, errores no perdonados, besos y abrazos que pudieron darse, palabras de aliento que no se pronunciaron…

Por otro lado si sientes la satisfacción del deber cumplido, porque ayudaste, amaste y enalteciste en vida a quien se acaba de ir, el trance será apacible.

¡Vive intensamente este lustro y acepta con alegría cuando comience otro! Por eso…

TE DESAFÍO...

A no dejar cabos sueltos...

A disfrutar con intensidad el lustro presente.

A visitar a tus padres, y pedirles perdón.

A hacer las paces con tus hermanos.

A no trabajar en exceso con intenciones de darle a tu familia comodidades, mientras pierdes el privilegio de disfrutarla cada día...

A gozar este lustro con intensidad.

El auditorio aplaudió. En las pantallas de plasma se proyectó otro segmento del reportaje preparado por el equipo de producción.

Celia confesaba ante las cámaras una gran amargura porque su esposo castigó físicamente a Mariana poco antes de que ella perdiera la vida.

Juan José observó el desahogo grabado de cuya existencia nadie le había advertido.

—¿Por qué golpeaste a Mariana? —pregunté.

—Porque se escapó de la escuela; el director me dio la queja por teléfono.

—¿Y ella se merecía que la castigaras así?

—Fue una corrección medida.

—De acuerdo —suspiré—. No trato de acusarte de maltrato. Ya cargas con demasiado dolor. Lo único que necesito saber es si hiciste las paces con tu hija, después. ¿Sanaste su herida emocional? ¿Te acercaste a ella aquella noche para explicarle el porqué de tu enfado, y decirle cuánto la amabas?

El hombre movió la cabeza de forma negativa y rompió en llanto.

—No… ¡Ella se murió enojada conmigo!

Celia estaba gimiendo con la vista agachada. Muchos de los invitados al foro, también lloraban. Yo tenía el corazón apretujado.

Cerré los ojos un instante.

Había una expectación enorme en el local. Era como si la gente y los camarógrafos estuviesen guardando el aliento.

—Escúchenme —traté de hablar en contexto—. Muchos padres nos están viendo hoy. Tal vez podamos darles un mensaje claro: La vida se va muy rápido. No sabemos en qué momento moriremos o nuestros seres queridos nos abandonarán. La naturaleza humana es frágil —recordé las palabras de mi esposa y miré a la cámara de frente—, nuestro equilibrio está suspendido en hilos que cuelgan de las manos del Creador. Disfruten a su familia tal cual es, porque sólo la tendrán *en estas circunstancias* por poco tiempo. Díganle a sus hijos por qué los disciplinaron y eviten dejar heridas abiertas. No sabemos si mañana estaremos junto a ellos.

La gente de la sala se movió un poco, cual si al fin hubiesen exhalado. Yo no quería hacer un show morboso como los que hay actualmente. Deseaba, de verdad, poder ayudar a esa pareja, así que me puse de pie y tomé a ambos de la mano.

La parte más fuerte de la entrevista estaba a punto de ocurrir.

Toqué las manos de Juan José y Celia por un breve instante.

Pude percibir el sufrimiento de sus almas. Un pensamiento repentino me paralizó.

¿Por qué me hallaba en la posición de consejero mientras esa pareja frente a mí esperaba consuelo?

¿Por qué las cosas no ocurrían al revés?

¿Por qué mi esposa y yo no habíamos sufrido la muerte de nuestra Princesa, ni estábamos asolados frente a un presunto experto que tratara de ayudarnos?

¿Cómo se determina a quién le corresponde sufrir y a quién aconsejar?

Recordé cuando, años atrás, el médico especialista nos mostró los últimos análisis de la Princesa.

Mi esposa y yo entramos al consultorio con gran expectación.

Estábamos preparados para escuchar cualquier noticia.

Habíamos dejado de gritar: "¿Por qué a mí, Señor?"

Comprendíamos que en ese reproche existe implícita la afirmación vanidosa de que "siendo tan especiales" no deberíamos sufrir…

Entendimos que algunas personas cuando obtienen lo que piden en oración, después se paran el cuello, toman el micrófono y dan testimonio sobre cómo es que Dios *sí* escucha a la gente maravillosa.

Pero las cosas no son así.

En realidad, Dios es soberano y contesta nuestras oraciones *no* como premio a que nos bañemos por la mañana o nos perfumemos las axilas. Tampoco contesta porque seamos maestros de la oración y tengamos capacidad retórica para convencerlo. Él ve nuestros corazones y desea que maduremos para estar en su presencia.

¿Lo anterior significa que es inútil orar? Por supuesto que no. La oración sincera funciona y produce resultados porque con ella nuestro espíritu se vuelve más humilde, más sensible y más consciente de la necesidad divina. *Seguramente a veces es todo lo que Dios desea.*

Pero en otras ocasiones, requerimos más.

Ni nosotros mismos sabemos lo que necesitamos. Él sí. Por eso a veces nos toca ser consolados y a veces consolar…

La ley del cuarto de hora nos lo dice: En una etapa soy animado y en otra animador. Hoy estoy rogando por un milagro y mañana estaré disfrutando la respuesta de Dios… Él siempre contesta. A veces de forma inverosímil.

—Vean esto —anunció el médico sin poder evitar un viso de emoción—, las manchas en los huesos de su hija desaparecieron por completo y las células óseas recuperaron su forma normal. La niña está sana.

—¡Es imposible! —murmuré—. Quizá hay un error.

—Hice una junta con mis colaboradores antes de decírselos.

—No puede ser.

—Ya escuchaste al doctor —dijo mi esposa presa de una euforia incontenible—. ¡Está seguro del diagnóstico!

—Así es. Algunos médicos dijeron que las placas eran de diferentes pacientes. Uno de los especialistas parecía incluso enojado. Pocas veces habíamos visto un cambio anatómico así.

Me quedé impávido. Sin habla. Las paredes a mi alrededor comenzaron a darme vueltas muy despacio. ¿No se trataba de otro sueño? En los últimos meses mi cerebro disociaba los acontecimientos y me hacía vivir tragedias inexistentes y curaciones que no habían ocurrido.

—Estoy despierto, ¿verdad? —murmuré.

—Sí, amor.

—Esto parece tan absurdo —volví a decir.

Mi esposa y yo nos pusimos de pie y caminamos hacia fuera; pasamos de largo frente a la sala de espera sin mirar a los lados.

Apenas llegamos a la calle comenzamos a dar gritos y saltos de alegría. Dejamos caer el sobre con las radiografías y nos abrazamos.

—¡Nuestra hija está sana! —exclamé—, ya no tendremos que viajar a otros países para buscar la cura de ninguna enfermedad extraña. La Princesa continuará en la escuela y todo volverá a ser *como antes*.

—No… amor —ella levantó las radiografías del suelo y enmudeció por un extraño llanto de pasmo y alegría; al fin pudo decir—. Como antes, *nunca*.

Tenía razón.

Dios había puesto un dedo directamente sobre nuestra familia…

Pero ¿por qué?

Aunque deseaba dar las gracias a todo pulmón, algo no me dejaba hablar. Era la convicción de que mi esposa y yo somos individuos comunes y corrientes, llenos de defectos, indignos a todas luces de recibir una intervención divina tan palmaria.

Había muchas otras parejas en aquel hospital clamando, igual, por un milagro. ¿Por qué a nosotros se nos dio y a ellos no?

Jamás podré contestar esa pregunta.

Sólo sé que estoy extasiado, viendo crecer a esa hermosa hija, bailarina, cantante, pianista; líder entusiasta e inteligente, que lleva un cascabel de alegría a donde quiera que va. No me gané ese privilegio. Dios me lo da por un cuarto de hora más, y debo disfrutarlo intensamente, pues sé que tarde o temprano se acabará…

Así que doy las gracias cada día.

Gracias por lo que poseo y por lo que no puedo tener. Por lo que comprendo y por lo que mi mente no puede razonar. Por lo que soy y por lo que jamás seré.

Otra vez Carolina me azuzó por el audífono.

—Carlos, adelante.

Pregunté:

—Juan José y Celia, ¿ustedes creen en la vida después de la muerte?

—Sí —dijo ella.

—¿Entonces suponen que su hija está viva en algún sitio?

No lo dudaron. Ambos contestaron de forma positiva.

—Las personas que mueren, van a otro plano, un lugar indescriptible que ningún ojo ha visto, ningún oído ha escuchado y ninguna mente humana ha concebido[24]. Aunque ellos no puedan contactarnos[25], nuestras oraciones llegan al corazón de Dios. Así que guarden silencio, olvídense de lo que ocurre alrededor y concéntrense en Mariana. Ella está viva. Está bien. Con los ojos de la fe, díganle a Dios lo que sienten por su hija. Arreglen las cuentas pendientes que dejaron.

Celia echó un vistazo rápido alrededor. Era algo demasiado serio e importante para realizarlo en público. Me di cuenta de su incomodidad.

—Juan José —agregué—, no tienes que ir al panteón como lo has estado haciendo por las noches para hablar con Mariana. Ella no se encuentra bajo esa lápida. Mejor sal a caminar por el campo a solas y dile: "Hija mía, te quiero mucho, te extraño, me haces mucha falta; nunca valoré lo que significabas para mí hasta que te perdí… Perdóname por mis malos ejemplos y mis gritos. Perdóname por haberte regañado tan duramente unas horas antes de tu partida… ¡Perdóname porque he estado bebiendo alcohol sin comprender que eso es lo que te apartó de mí! Hoy te digo que por ti, estoy decidido a rehacer mi familia, y darle una vida digna a tu mamá y a tus hermanos… que te voy a dejar ir, con la esperanza de que algún día te encontraré de frente y te abrazaré con fuerza…

Juan José no lo soportó más y comenzó a sollozar, aunque suene contradictorio su llanto era profuso y sosegado a la vez.

Continué.

—Ahora escuchen la respuesta de Mariana en su corazón. Ella también quisiera pedirles perdón por haber insistido en salir con aquel muchacho… por no obedecerlos, por haber faltado a la escuela uno días antes de su muerte y porque provocó que tú Juan José te enojaras con ella… Mariana, seguramente anhela decirles: "papá, mamá, me arrepiento por el daño que les causé; no fui la hija perfecta, cometí muchos errores, pero los amo… sé que también me aman y quiero que sepan que si fallaron en algo, no guardo ningún rencor… no me acuerdo ya de sus defectos… sólo brilla en mi ser la luz que me dieron; deseo que sean felices otra vez, pues ahora yo lo soy de verdad".

De nuevo el salón quedó en total quietud.

Caro me habló al audífono con voz muy suave esta vez.

—Te quedan quince segundos…

Despedí a la pareja. El ambiente de emotividad, fue la plataforma perfecta para abordar los siguientes casos del programa piloto.

Quedó muy claro en el auditorio que, las razones incomprensibles para nuestro razonamiento, son los valores eternos que nos mantienen erguidos.

Hay niveles más altos en la vida en los que requerimos cerrar los ojos físicos para ver con los ojos de la fe.

Si piensas en términos de trascendencia vivirás consciente de que las cosas no terminan al morir; actuarás a diario con la seguridad de que tienes un propósito en esta Tierra y has sido creado o creada por Alguien, con un motivo único y especial.

Pensar en términos de trascendencia te da motivos para ser mejor persona, pues actuarás con ética, no sólo por conveniencia práctica sino por algo más grande e inexplicable: el deseo de agradar al Ser que te dio la vida y la oportunidad de "construir" en ella.

Hoy en día, mucha gente sólo desea ascender.

Se *asciende* logrando poder y dinero con fines mezquinos, subiendo una escalera de oportunidades, pateando a las personas que están en los peldaños y enseñoreándose sobre ellas. El deseo obsesivo de *ascender* a toda costa ha dado origen a una sociedad llena de miseria colectiva.

Pero nuestra verdadera misión en la Tierra es *trascender*.

Cuando fallezcas, tus negocios deben perdurar, por una razón específica: los creaste para producir bienestar, aún cuando tú no estés.

Usando las herramientas que hemos estudiado, produce dinero con el fin de garantizar una firme plataforma de apoyo a tu familia, pero sobre todo, para tener el tiempo, los medios y la concentración que te permita ayudar y servir a los demás.

Multiplica tus riquezas y dedícalas al bien.

Sólo así trascenderás.

Trascender es dejar huella en este mundo y hacer que cuanto invertiste aquí te siga dando dividendos en el más allá.

Trascender es perdurar.

Es conectarte con la eternidad.

Existe un documento que para mi gusto, es la declaración de trascendencia más hermosa que se ha hecho nunca:

Lo escribió la Madre Teresa de Calcuta.

Léelo, pero, sobre todo hazlo parte de ti.

Las personas son a veces irracionales y egoístas; perdónalas de todas maneras.

Si eres amable, la gente puede acusarte de manipulador o hipócrita; sé amable de todas maneras.

Si eres exitoso, ganarás amigos falsos y algunos enemigos verdaderos; sé exitoso de todas maneras.

Si eres honesto y transparente, la gente puede engañarte; sé honesto y transparente de todas maneras.

Lo que has pasado años construyendo, alguien puede destruirlo de la noche a la mañana; construye de todas maneras.

Si hallas la serenidad y la felicidad, otros se pondrán celosos; sé feliz de todas maneras.

El bien que hagas hoy, la gente puede olvidarlo mañana; haz el bien de todas maneras.

Dale al mundo lo mejor de ti y verás que nunca será suficiente; dale al mundo lo mejor de ti, de todas maneras.

Verás, en el análisis final, que todo es entre tú y Dios.

Nunca fue entre tú y ellos, de todas maneras[26].

Por eso…

TE DESAFÍO…

A aceptar que tu estancia humana es breve y efímera.

A entender que todo lo que hagas en la Tierra se extiende a la eternidad.

A no hacer sólo tesoros en esta vida.

A realizar negocios que trasciendan.

A entender que cuanto hagas aquí, no es entre tú y la gente, sino entre tú y Dios…

a manera de epílogo

En la antigüedad se tenía la creencia de que cuando una estrella aparecía en el horizonte significaba que Dios se complacía con lo que ocurría justo debajo de ella.

Cierto día, un hombre murió y dejó a su familia desamparada. Su esposa y tres niños. La viuda deprimida, se entregó a los rezos y decidió ayunar para interceder por el alma de su esposo. El hijo mayor de la mujer, de diez años de edad, al ver que su mamá se la pasaba como en *shock*, tuvo que limpiar la casa, salir a cosechar el campo, darle de comer a sus hermanitos y consolarlos.

La mujer intensificaba sus rezos cada día.

Entonces apareció una estrella justo sobre su casa.

—¿Lo ven? —le dijo a sus hijos—, Dios se complace por mi devoción religiosa y mis oraciones, así que ha puesto una estrella sobre nosotros.

El hijo mayor se sintió confundido y triste. Él también quería agradar a Dios, de modo que dejó de limpiar la casa y alimentar a sus hermanitos para ponerse de rodillas a rezar como lo hacía su madre…

Esa noche, la estrella no apareció.

¡El prodigio en el cielo sucedía en honor al joven, no a la mujer! A Dios le conmovía el trabajo del muchacho, no los rezos de la madre.

Con un corazón humilde, pero trabajando en verdad, tú y yo podemos conmover a Dios.

Fuimos hechos para prosperar.

El fanatismo religioso y la rabia de los fundamentalistas no son conductas espirituales; antes bien, han ocasionado mucho dolor en la historia del hombre. Así que apártate de ellas.

No trates de ensalzarte sobre las personas presumiendo misticismo. Mejor, deja que el amor de tu corazón te emane por la mirada y se materialice en hechos.

Vuélvete un ejemplo de prosperidad.

Anoche vi las noticias.

Hubo dos asesinatos por "ajustes de cuentas". Los cárteles del narcotráfico marcaron nuevos territorios. Desapareció una niña que jugaba en la calle mientras sus profesores continuaban en huelga. Veinte indocumentados quisieron pasar la frontera escondidos en un trailer con doble fondo. Congresistas casi llegaron a los golpes. Sediciosos de izquierda radical, olvidando que el comunismo murió hace años (de muerte natural), amenazaron con bloquear todos los actos públicos del presidente y vilipendiaron a las Instituciones. Manifestantes ofensivos cerraron la vía por donde transito a diario...

El mundo está lleno de personas ignorantes que han perdido la brújula. Pretenden prosperar sin tener la menor idea de cómo hacerlo.

Por eso, es importante que propongamos nuevas vertientes.

Ha llegado el momento de hacer una auditoría personal.

Recuerda de lo que has sido capaz.

Inspírate imaginando grandes posibilidades.

Vuélvete imán para lo bueno.

Haz que el mundo entero esté en deuda contigo.

Corrige tu personalidad financiera.

Eleva tu cotización.

Inconfórmate.

Quita algunas piedras de tus tobillos.

Trabaja sin exhibir tus penas.

Sé humilde en tus labores.

Genera riquezas, pero no te aferres a ellas.

Fortalece sólo a gente noble.

Disfruta tus tesoros durante este lustro.

Busca agradar a tu Creador en todo lo que hagas y dale un sentido de trascendencia a tu vida.

Vale la pena.

Estamos juntos en esto.

Las aves sólo vuelan en parvadas de la misma especie.

Jamás verás surcando los aires un grupo combinado de gansos, pelícanos y gaviotas. Eso no existe. Cada cual viaja con sus afines.

¿Por qué terminaste de leer este libro y no otro?

Quizá porque somos afines.

Pertenecemos a la misma parvada.

Identifica a otras aves parecidas e invítalas a volar con nosotros. Muchas de ellas sólo buscan, con desesperación, a quién unirse.

Hagamos un gran grupo.

Pasé varios meses maravillosos escribiendo esto.

Quizá tú lo leíste con más rapidez.

Aunque nunca lleguemos a conocernos en persona, ahora existe un vínculo de complicidad entre tú y yo.

Donde quiera que estemos, formemos juntos un frente común, con otras aves similares, para propiciar la verdadera prosperidad en el mundo.

Mientras más personas se sumen a este ideal, mejor será la tierra que heredarán nuestros hijos.

Desde este recinto en el que estuvimos juntos, te mando un fuerte y cariñoso abrazo.

referencias

[1] Diccionario de la Lengua Española. Real Academia Española. Madrid, 1992.

[2] El 100% de los errores propios (crisis del tipo 2) producen **castigos merecidos**; mientras sólo el 50% de las personas abusivas que encontramos (crisis del tipo 1) los ocasionan.

[3] El 100% de la adversidad natural (crisis del tipo 3) produce **fatalidad inmerecida**; mientras sólo el 50% de las personas abusivas que encontramos (crisis del tipo 1) la ocasionan.

[4] Mateo 5.

[5] 1 Tim 6,10.

[6] Luc 12,15.

[7] Mateo 19,24.

[8] Luc 16, 15; Luc 8,14.

[9] 2 Cor 8,9.

[10] Mateo 5,3; San 2,5.

[11] Luc 14, 28.

[12] Gene A. Getz. La verdadera prosperidad. Vida. Florida, 1994. Pagina 24.

[13] Prov 6, 9-11; Prov 13,4; Prov 15,24; Prov 20,4-13; Prov 21,25.

[14] Sal 128,2.

[15] Jorge A. Ovando. Como dejar de ser pobres. Mundo Hispano. Texas, 2001.

[16] Para que una persona se considere agresiva, debe tener al menos un aumento de ingresos anual mínimo del 100% sobre la tasa más alta de un papel comercial o bono AAA. Por ejemplo, si la tasa

de interés del año es de 5%, los ingresos de una persona agresiva deben subir un 10% (lo doble); así, si el año pasado ganaba 10,000 al mes y la tasa fue del 5%, este año la persona agresiva debe ganar el 100% más, eso significa que al menos debe percibir 11,000. Analiza cómo han aumentado tus ingresos en los últimos cinco años. Si han disminuido o se han quedado iguales, eso significa que te falta agresividad para hacer nuevos negocios e inversiones. La persona defensiva, por el contrario, gana lo mismo o menos cada año y sus aumentos no suelen superar la tasa de inflación o a la tasa de Interés bancaria. ¿Qué tanto están creciendo tus ingresos cada año? El agresivo gana dinero de manera exponencial.

[17] C. Norticote Parkinson. La ley de Parkinson y otros ensayos. Editorial Ariel. Barcelona, 1980.

[18] Max Gunther. Los axiomas de Zurich. Selector S.A de C.V. México, 1989.

[19] Brian Tracy. Las 21 leyes absolutamente inquebrantables del dinero. Taller del éxito. Audiolibro. Florida 2002.

[20] John C. Maxwell. Las 21 leyes irrefutables del liderazgo. Panorama Editorial. México 2002.

[21] Dave Ramsey. La transformación total de su dinero. Betania. E. U. 2003.

[22] ¿Te gustaría conocer algunas otras referencias respecto a este tema? Revisa lo que dice el libro de Proverbios: Nunca te hagas responsable de las deudas de otra persona, pues si no tienes con qué pagar, hasta la cama te quitarán (22,26). Con ansiedad será afligido el que sale por fiador de un extraño, más el que aborrece las fianzas vivirá seguro (11,15). Hijo mío, si das fianza por tu amigo o te haces responsable de un extraño, tú solo te pones la trampa: quedarás atrapado en tus propias palabras. Para librarte, hijo mío, pues estás en las manos de otro haz lo siguiente: trágate el orgullo y cóbrale a tu amigo (6,1-3). El hombre imprudente da fianza por su amigo y se hace responsable de él (17,18). Al que salga fiador por un extraño quítale la ropa y tómasela en prenda (27,13) —citas textuales de la traducción Dios habla hoy, excepto (11,15).

[23] Usamos el parámetro de "dólares" porque nos permite hacer la conversión a cualquier moneda local.

[24] 1 Cor 2, 9.

[25] Según la Biblia, no es posible que los muertos se comuniquen con nosotros. Aunque en efecto, reconoce la existencia de manifestaciones sobrenaturales originadas por invocaciones, aclara perfectamente que se deben a espíritus demoníacos y no a personas fallecidas. En Hechos 16, 16 se nos habla de una médium adivinadora de quien en realidad los discípulos expulsaron un espíritu maligno. Los muertos no se comunicaban a través de ella, sino los demonios. Según la Sociedad para la Investigación Psíquica "el 95% de los fenómenos espiritistas son falsos y fraudulentos, sólo en el 5% ocurren comunicaciones con los espíritus y experiencias paranormales", el informe es detallado por Jack Matlick en su libro Entendiendo el Ocultismo de editorial Ela. "La pregunta clave", dice Matlick "no es si existen tales fenómenos sino de dónde provienen. La prohibición bíblica de estas prácticas es contundente: Levítico 19,31; 29,27; Deuteronomio 18, 10 al 12; 1 Samuel 28; 1 Crónicas 10,13; Jeremías 29, 8. En todos esos versículos el espiritismo y sus derivados se mencionan como una abominación ante Dios, pues la única fuente de poder sobrenatural que puede manifestarse en esas prácticas es la de Satanás y sus demonios".

[26] Texto original: People are often unreasonable, illogical and self-centered.Forgive them anyway. If you are kind, people may accuse you of selfish, ulterior motives; Be kind anyway. If you are successful, you will win some false friends and some true enemies; succeed anyway. If you are honest and frank, people may cheat you; be honest and frank anyway. What you spend years building, someone could destroy overnight; Build anyway. If you find serenity and happiness, they may be jealous; be happy anyway. The good you do today, people will often forget tomorrow.Do good anyway. Give the world the best you have, and it may never be enough. Give the world the best you've got anyway. You see in the final analysis, it is between you and God; it was never between you and them anyway.

Esta obra se terminó de imprimir en Noviembre de 2006

en los talleres de Gráficas Monte Albán S.A. de C.V.

ESD 69-1-M-35-11-06

notas personales